結果を出せたわけではなく、地道な練習を積み重ねてようやく県のトップレベルで走れるようになったくらいです。でも、振り返ると、特別速い選手ではなかったからこそ、人より努力しようという気持ちは強かったですし、下から這い上がっていったからこそ、自己ベストを更新するうれしさや陸上の楽しさを人よりも感じられ、常にモチベーションを高く臨めていました。だからこそ、成長し続けられたんだと思います。

僕らアスリートは同走する選手に負けられないという世界で戦っていますが、マラソンを走る意義はそれだけではありません。たとえ隣りの人に負けたとしても、自己ベストが出たら喜べることも素晴らしさであり、レースを完走することで得られる感動もあります。純粋な楽しさ、マラソンの醍醐味を、本書を見て実際に走って、ぜひ味わってください。

神野大地

もくじ

重心を修正するバランスボールストレッチ

世界一偉大なストレッチ……32

LESSON 2

筋肉の緊張を緩和する 練習後の静的ストレッチ……34

Part.4 練習以外でやるべきこと……111

Part.1

ケガ予防とパフォーマンスアップのためのストレッチ

ランニング前後にストレッチをしていますか？
いきなり走ると身体に大きな負担がかかり、
関節を痛めやすくなるので必ずストレッチを。
また、ランニング後にも筋肉をほぐし、
疲労回復のためのストレッチを行いましょう。

LESSON 1

準備体操として最適 走る前の動的ストレッチ

ランニングをしている人が年々増えていますが、ランニング前に必ず行って欲しいのが動的ストレッチです。

ストレッチをするのが面倒だという人や、やろうと思っていても、ついストレッチを忘れてしまう、なんてこともあるのではないでしょうか。ただ、いきなり走り始めてしまうと、身体には大きな負担がかかってしまいます。とくに肩や腰、足などの関節は痛めやすいため、ランニング前のストレッチは重要です。動的ストレッチはパフォーマンスアップのためはもちろん、ケガ予防の一つとしても効果的です。

動的ストレッチは、積極的に身体を動かすことで関節を取り巻く筋肉が刺激され温められます。また関節内の潤滑液もしっかり出すことができるので、動かしやすくなります。そして、心拍数も上がるので心臓の準備にもなります。

ランニング前にしっかり動的ストレッチを行って身体を動かしておけば、いざ動作を行ったときに急に筋肉が驚いて動かないこともなく、スムーズな動作、パフォーマンスの向上や健康的な身体作りに繋がります。

EFFECT

動的ストレッチの効果

筋肉を積極的に動かし、関節の動きをスムーズにする。
心拍数も上がるので心肺機能の準備にもなる。

運動パフォーマンスアップ

ランニング前に動的ストレッチを行うことで筋肉が温まり、ランニングに対する能力を最大限に発揮できる状態にし、運動のパフォーマンス向上が期待できます。

ケガの予防

動的ストレッチで準備運動を行って体温をあげることで、関節の可動域を広げることで激しい運動を行ってもケガをしにくい状態になります。

TRAINING MENU

動的ストレッチのメニュー

腕ふりをスムーズにするためのストレッチ

腕を動かすことはもちろん、左右の肩甲骨をリズミカルに動かすことで可動域を広げて動きやすくし、よりスムーズな走りにつながる。

足運びをスムーズにするためのストレッチ

ランニング中に使用する臀筋、内転筋、腸腰筋など下半身の筋肉を刺激して温め、関節の可動性も高め、心拍数も上げ、走りに備える。

重心を修正するためのストレッチ

バランスボールを使って骨盤まわりを動かすことで、筋肉のバランスや身体のバランスを正しいポジションに修正する。

腕振りをスムーズにするためのストレッチ

ランニング時は肩の関節を使うことが多いので、入念にストレッチを行いましょう。走っているとき、よりスムーズに大きく前に進むために重要になるのがこの腕振りです。ストレッチで様々な方向に動かすとさらに可動域が高まります。
1つのストレッチに対して、10～20回行います。

1

10～20回

ひじまわし1

SIDE

肩甲骨を大きくまわすイメージで！

足は肩幅ぐらいに開いて立つ。両手の指先で肩を触り、ひじを前、上、横、下とまわす。肩甲骨を大きく動かすイメージでまわすのがポイント。

2

10～20回

肩甲骨まわし1

ひじを曲げながら肩甲骨を寄せ腕を下ろす

足を肩幅ぐらいに開いてたち、身体の前で両腕を下ろす。その状態のまま両手を頭の上まで持ち上げる。頭上で手のひらを外側に向けたら、ひじを曲げながら肩甲骨を寄せて腕を下ろします。腕を下ろしたときにひじが背中の後ろに出るようにすること。

3

10～20回

腕振り1

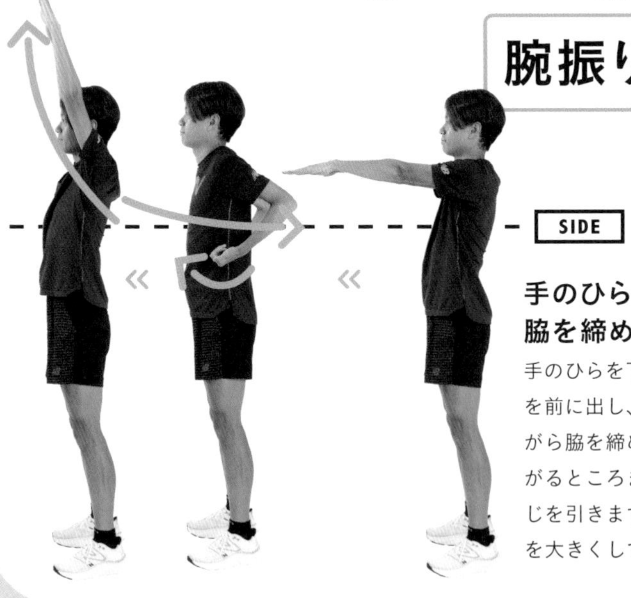

手のひらを返しながら脇を締める

手のひらを下に向けたまま両手を前に出し、手のひらを返しながら脇を締めて、自然と肩が上がるところまでまっすぐに両ひじを引きます。徐々にこの動きを大きくしていきます。

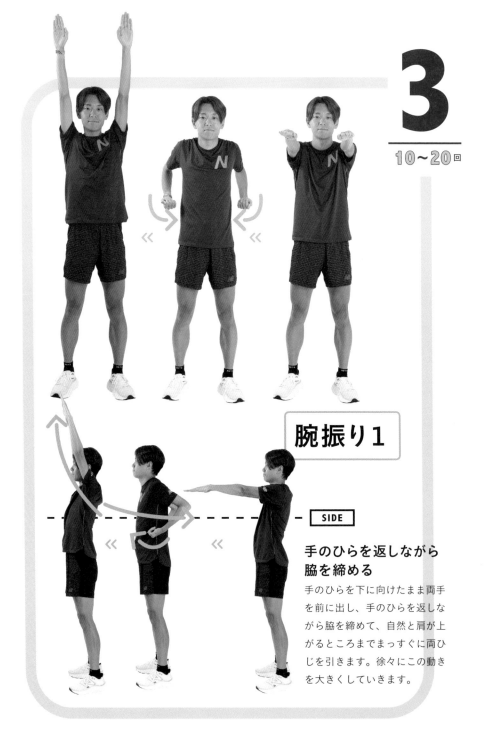

4

10〜20回

肩甲骨と首まわし

首の後ろを動かすことで、肩甲骨の可動域をより広げることができる

首を目一杯後ろに動かす

肩甲骨を広げ、頭に両手を置きます。この状態で肩甲骨を寄せながら、首を曲げて上を見ます。肩甲骨を閉じた状態から、今度はグッと前に首を動かしていきます。

5

10〜20回

ひじまわし2

Point

肩甲骨を後ろにひく

肩甲骨を意識しながらひじをまわす

足は肩幅ぐらいに開いて立つ。片手の指先で肩を触り、ひじを前、上、横、下と回す。肩甲骨を大きく動かすイメージで回すのがポイント。これを左右交互に行います。

6

10~20回

肩甲骨まわし2

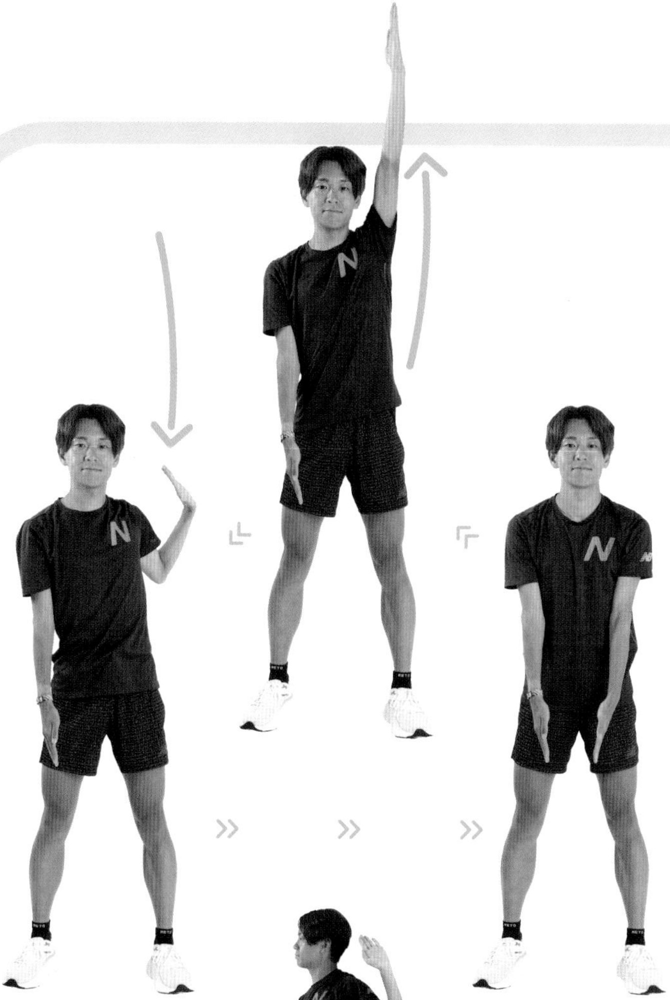

Point

肩甲骨を後ろに引く

ひじを曲げながら肩甲骨を寄せる

足を肩幅ぐらいに開いて立ち、身体の前で両腕を下ろす。その状態のまま片手を頭の上まで持ち上げる。頭上で手のひらを外側に向けたら、ひじを曲げながら肩甲骨を寄せて腕を下ろす。腕を下ろしたときにひじは背中の後ろに出るように。左右交互に行います。

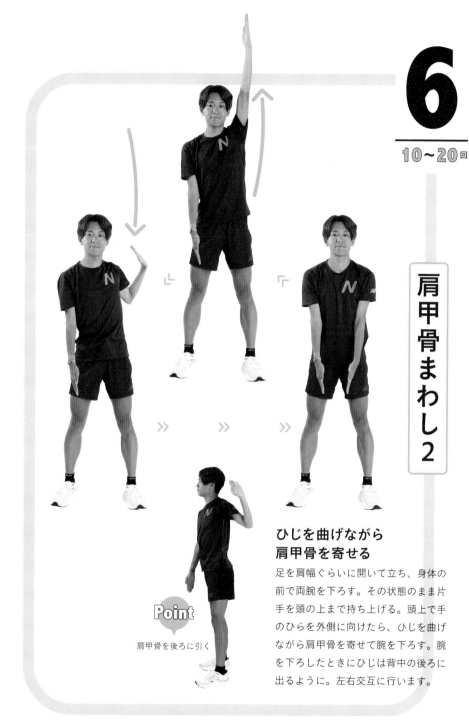

7

10～20回

腕振り2

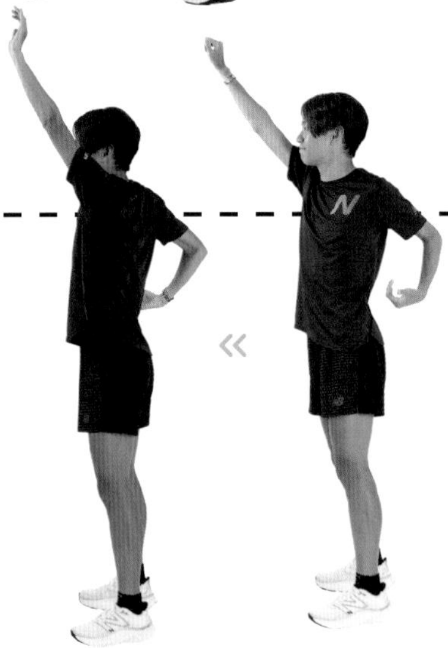

SIDE

自然と肩があがるところまでひじをひく

手のひらを下に向けたまま片手を前に出し、手のひらを返しながら脇を締めて、自然と肩が上がるところまでまっぐに片手のひじを引きます。

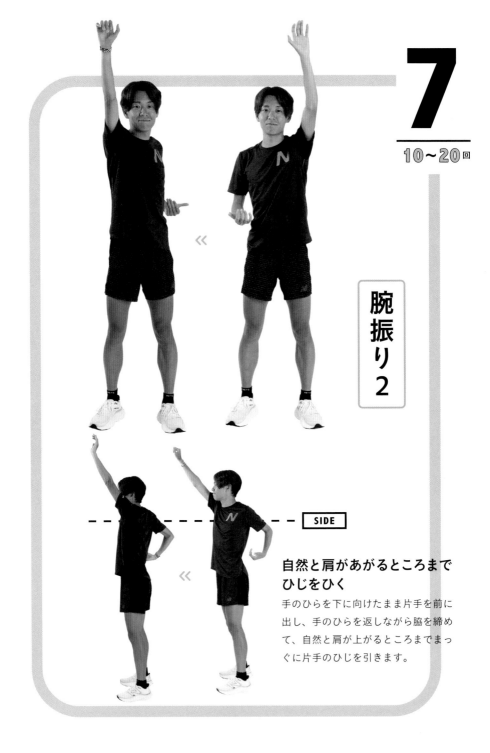

8

10～20回

体側伸ばし

つま先の前を
タッチするイメージで

肩幅よりも広く足を開き、両ひざを曲げて、外側につま先を向けて立ちます。両手を左右に広げ、手のひらは前に向けます。視線は常に前を向きながら、つま先の前をタッチするイメージで身体を徐々に横に倒していきます。左右交互に行います。

これはNG!

基本は真横でなく斜め前をイメージ

身体は真横に倒していくのではなく、身体の斜め前をイメージする。

足運びをスムーズにするためのストレッチ

ランニング中は足、お尻、前もも、ハムストリングス、内転筋、ふくらはぎ、腰まわりなど、下半身のあらゆる部位を使っています。筋肉や関節を刺激し、リズミカルに動かすことで、ランニング中に身体がよりスムーズに動くようになります。1つのストレッチに対して、10～20回行います。

1

10～20回

もも上げ1

SIDE

ももは最低限、地面と平行以上はあげられるようにして下さい。上げられるところまで上げてもOKです。

ももは地面と平行以上にアップ

肩幅ぐらい開いて立ち、少し前傾姿勢の状態から、片足をうしろに下げ、下げた足と同じ側の腕を前に出す。うしろに下げた足のつま先で地面を蹴って、もも（腸腰筋）を前へ持ち上げる。うしろ足はちょんと置くくらいのイメージで。

これはNG!

重心が後ろに流れないように

重心がうしろ寄りになって姿勢が崩れるのはNG。

2

10～20回

もも上げ2

身体を深く落として
グッとももを上げる

椅子や壁を使い、もも上げ1の動きをさらに大きな動作で行います。身体を深く落とし、グッと伸ばしたところから、ももをグッと上げるのがポイント。

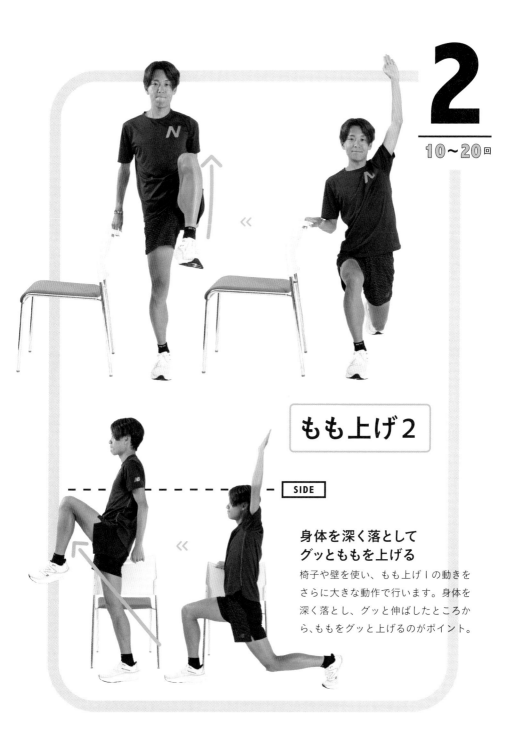

3

10～20回

内ももまわし

内転筋を動かして
ももをグッと持ち上げます

外側に下ろした足のかかとは地面につけない

腰をさらに落とすことで、より腰やお尻に効かせる効果がある

重心を移動したら逆足を下ろす

足を肩幅より大きめに広げて骨盤を落とします。つま先は外側、両ひざを曲げて沈み込みます。内転筋を使いながら、ももを大きく内転させます。着地する時にかかとを地面につけないように注意して、左右それぞれ行います。

4

10～20回

股関節まわし1

SIDE

ひざを外側に向け足を横に持ち上げる

肩幅ぐらいに足を開いて立ち、片足を一歩うしろに下げます。うしろに引いた足のひざを外側に向け、足を横に持ち上げます。しっかり足を持ち上げたら、ひざを前方に動かして、足を最初の位置に戻します。

Point

足は外側からしっかりと回す。ハードルを飛び越えるようなイメージで足を動かす。

5

股関節まわし2

10～20回

Point

足は横から出して前に。
リズミカルに動かします。

リズミカルに足を動かす

肩幅ぐらいに足を開いて立ち、片足を一歩うしろに下げます。うしろに引いた足のひざを外側に向け、足を横に持ち上げてください。胸元くらいまで足を持ち上げたら、ひざを前方に動かして、足を最初の位置に。左右交互に繰り返します。

6

もも上げ3

10～20回

Point

地面の反発を利用して前に進む。

地面の反発を使ってももを上げる

肩幅程度に足を開いて立ち、地面の反発を使ってももを上げ、足を前に出して進みます。これを左右交互に繰り返しましょう。

7

10〜20回

3ステップ

リズムをとりながら身体をひねる

肩幅ぐらいに足を開いて立った状態から、片足を1歩うしろに下げる。この体勢から「1・2・3、2・2・3…」のリズムをとるように動き、「3」のリズムで、前足とは逆サイドに身体をひねります。心拍数を上げることを狙いとしています。

重心を修正するバランスボールストレッチ

バランスボールストレッチを行うことで、骨盤の可動域を広げたり、普段は伸ばしにくい筋肉まで刺激して、筋肉のポジションを正常に戻すことができる。姿勢も安定し、結果的に疲労がたまりにくくなったり、ケガのリスクが減少します。

1つのストレッチに対して、10〜20回行います。

1

10〜20回

バウンス

Point

両ひざの間はげんこつ2つぐらい空けましょう。

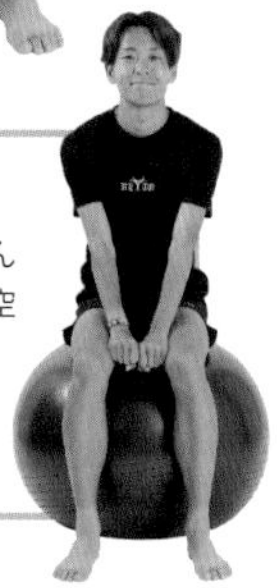

バランスボールの反発で上下に伸び縮み

両ひざをこぶし2つ分空けて座り、その状態で身体全体を使いながらバランスボールの反発を利用して上下に伸び縮みさせます。

2

10～20回

左右移動

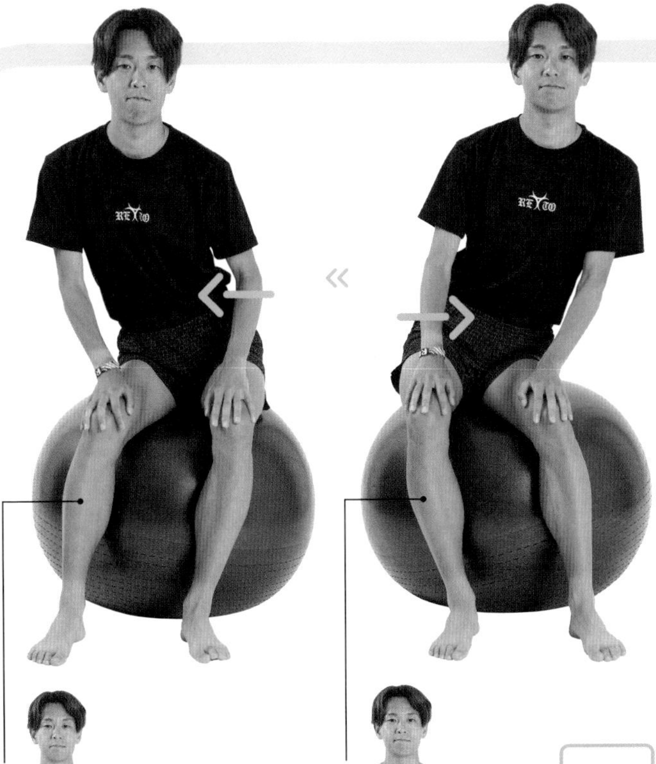

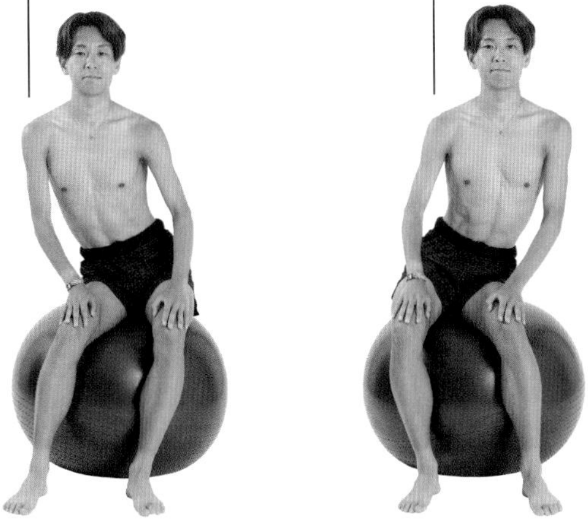

腰のみを左右に動かす

上体は真っ直ぐのまま、身体全体ではなく腰（骨盤）のみを左右に動かす。バランスボールを使うことで身体の動作範囲が大きくなり可動域が広がります。

3

10〜20回

前後移動

腰のみを前後に動かす

上体は真っ直ぐのまま、身体全体ではなく腰（骨盤）のみを前後に動かします。バランスボールを使うことで、身体の動作範囲が大きくなり可動域が広がります。動作にあわせて手の動きを付けてもよいです。

4

10～20回

回旋

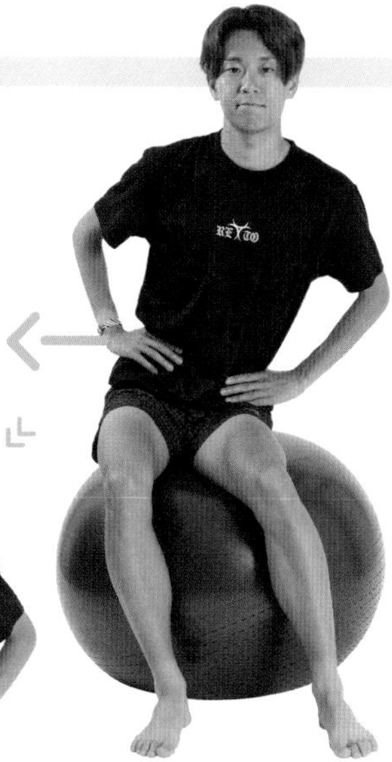

円を描くように腰をまわす

上体は真っ直ぐのまま、身体全体ではなく腰（骨盤）のみを使って、円を描くようにまわしてください。

これはNG!

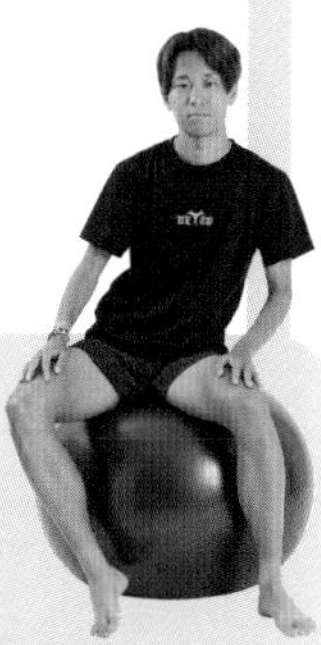

動かすのは骨盤のみ！

骨盤のみで動かしたいので、身体全体で動かすのはNGです。

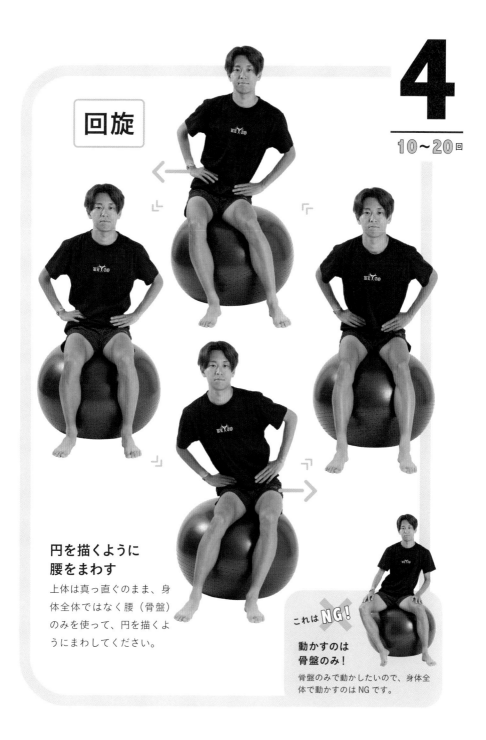

5

10～20回
×
左右

体側伸ばし

バランスボールの動きを利用し身体を伸縮させる

身体の横側を伸ばすとき、普通に立っている状態では動かす範囲に限界がありますが、バランスボールを使うことで可動域が広がります。バランスボールの動きを利用して、身体の伸縮を繰り返し行いましょう。

6

10～20回
×
左右

腰ひねり

腕はしっかりと伸ばす

斜め下に身体をひねり
腰や脇腹を伸ばす

肩幅程度に足を開いて立ち、両手でバランスボールを持つ。身体を斜め下にひねりながら腰、脇腹を伸ばしてください。身体を元に戻した後に、今度は逆側に身体を斜め下にひねりながら、腰、脇を伸ばす。ボールを抱えて動くことで、より可動域が広がります。

背中伸ばし

7

10～20回
×
左右

Point

伸ばした身体を元に戻すときは、腹直筋を使って１度腰を丸めてください。

ボールを斜め前に押しながら身体を伸ばす

バランスボールに片手をかけ、腕に体重をかけてボールを斜め前に押しながら身体を伸ばします。十分に身体を伸ばしたら、ゆっくりと引きながらもとに戻す。

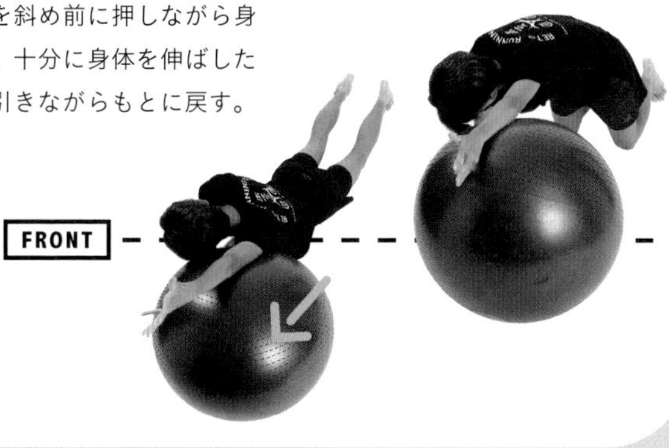

世界一偉大なストレッチ

全身の可動域や柔軟性を効率よく向上させ、筋トレやヨガの要素も入った最強のストレッチ。
練習を始める前や試合前などに取り入れると良いとされています。

非常に強度が高く、関節への負担も大きいので必ず身体が充分に温まっている状態で行いましょう。

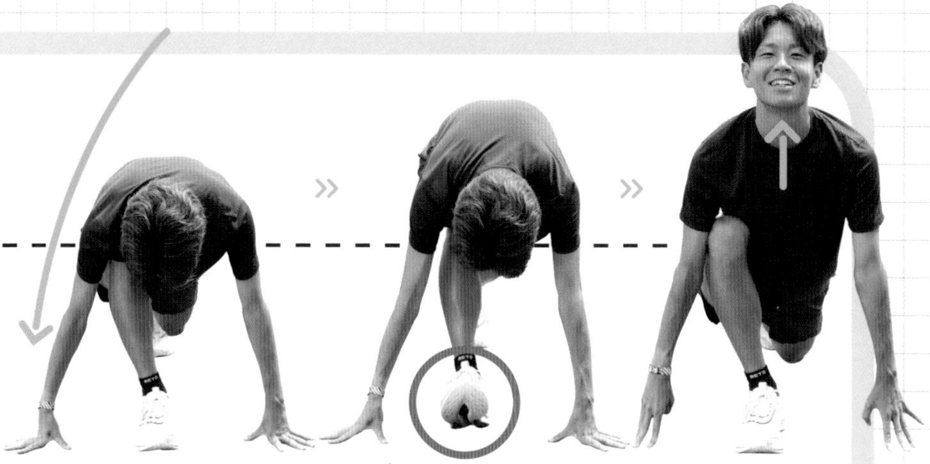

期待される効果

- 体幹部や筋肉の温度を上げる
- 胸郭を広げて呼吸をよりスムーズにする
- 関節の可動域が向上する
- バランスや神経系の感覚がアップ　など

左右各5回

下半身を安定させ、左右5回ずつ実施

片足を前に出し、内側にひじをつけるような感じでかがみます。次に前に出している足と同じ側の腕を天に向かって高く持ち上げます。ゆかに両手をつけたら、陸上短距離のスタート時のような形をとり、身体を後ろに下げ、前足のつま先を上げます。ふくらはぎやハムストリングス、前ももの裏をストレッチ。上半身がグラグラしないように下半身を安定させながら、左右5回ずつ行ってください。

LESSON
2

筋肉の緊張を緩和する練習後の静的ストレッチ

運動した翌日、身体が疲れて安定したパフォーマンスが出せなかったり、身体が重いと感じた経験をした人も少なくないと思います。とくに激しく動いた翌日は疲れが残りがです。

ランニング後の筋肉は乳酸がたまり、収縮して硬くなっているため、老廃物が流れにくい状態に。練習後などにストレッチをしないと、筋肉がさらにかたくなり、疲労が残しやすくなってしまいます。ランニングで使った身体のあらゆる筋肉をストレッチを行って伸ばすことで、筋肉の緊張をやわらげ、血液の流れをよくして疲労回復や柔軟性の向上などが得られます。

運動とセットでクールダウン（ストレッチ）を行うとケガを予防することができ、稼働した筋肉を緩めて可動域の柔軟性もアップ。翌日の練習でもよいコンディションで臨むことが可能となり、ケガをしにくい強い身体づくりにつながります。また、深呼吸を入れながらストレッチすることで、リラックスにつながる効果もあり、睡眠の質を上げる効果も期待できます。

ただ、逆効果を招きかねないので、ストレッチは「いた気持ちいい」程度にとどめておくのが良いでしょう。震えが出るまで行うと、筋肉は逆に縮んでしまうので注意を。

EFFECT

静的ストレッチの効果

心身がリラックスして血圧や心拍数がダウン。
副交感神経を刺激し、リラックス効果を高める。

✓ 心身のリラックス

体を動かすと、心拍数や血圧が上がり、交感神経が働く。静的ストレッチで全身の筋肉がほぐれ、副交感神経を優位に働かせ、リラックス効果が高まります

✓ 疲労回復

筋肉は疲労すると収縮する性質があり、静的ストレッチで伸ばすことで血流がスムーズに循環。疲労回復を早めることができます。

TRAINING MENU

静的ストレッチを行う上での注意点

- 反動をつけずに行う
- ゆっくりと伸ばし、痛みを感じる寸前で止める（筋肉が震えるほど実施すると効果がない）。
- 最低でも 20 秒間は伸ばして姿勢をキープする。
- 伸ばしているときは息を止めず、吐きながら伸ばす。伸ばしきったら、ゆっくりと呼吸を行う。

1

上半身

20〜30秒 × 左右

小胸筋ほぐし

小胸筋にあて
左右に動かす

小胸筋にストレッチポールをあて左右に動かしてほぐします。この箇所はほぐれると、胸が開き呼吸が入りやすくなります。

2

上半身
20〜30 秒程度
×
左右

ココ
ここにストレッチポールを
当ててください

肩甲骨ほぐし

肩甲骨下にあて
左右にゆらす

ストレッチポールを肩甲骨下にあて、
左右に 30 程度揺らします。

3

上半身

20～30秒程度

背中をほぐす

腰にあて
背中をゆっくり動かす

腰にストレッチポールをあて、肩甲骨の下からお尻の上あたりまでをゆっくりと動かし、背中をほぐします。

4

上半身

20〜30秒

ひじ伸ばし

両ひじをのせてグッと伸ばす

両ひじをストレッチポールに乗せ、頭を下にしてグーッと伸ばします。この状態でも呼吸は普通通りに行いましょう。

5

上半身

20〜30秒

胸を開く

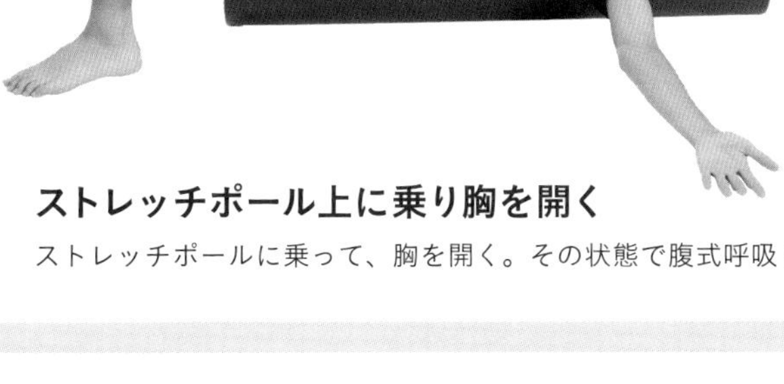

ストレッチポール上に乗り胸を開く

ストレッチポールに乗って、胸を開く。その状態で腹式呼吸します。

1

コンプレッション
10～20回
×
左右

コンプレッションとは？

ストレッチの効果を上げるための準備。ストレッチポールを使ってコンプレッションを実施すると、その後のストレッチで伸びが良くなる。ほぐれた状態でストレッチを行うと、より可動域が広がる。

臀筋

コロコロ動かす

臀筋にストレッチポールを置きコロコロ動かす。

2

コンプレッション
10～20回

ハムストリングス

ハムストリングスに あてながら動かす

ハムストリングスにストレッチポールをあて、上下にコロコロ動かします。

3

コンプレッション
10～20回

ふくらはぎ

足の位置を移動させながら揺らす

ポールをふくらはぎに乗せ、横に揺らします。その後、少し足の位置を横に移動させて、また横に揺らして下さい。

4

コンプレッション
各10～20回
×
左右

すね、内転筋、外側広筋をほぐす

部位ごとにあて動かしながらほぐす

それぞれの部位にストレッチポールをあて、動かしながらほぐしていきます。

1

下半身

20〜30秒
×
左右

臀筋伸ばし1

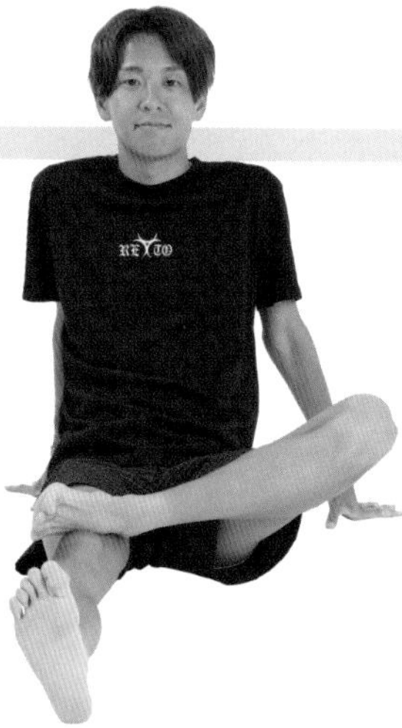

伸ばしている足を
お尻に近づける

伸ばしている側の足のひざに逆側の足をのせ、伸ばしている足をお尻に近づける。この状態で30秒キープ。

2

下半身

20〜30秒
×
左右

臀筋伸ばし2

FRONT

SIDE

20〜30秒をキープし
伸びを感じる

前足の臀筋が伸びている状態。
このまま20〜30秒間キープ。

3

下半身
20～30秒
×
左右

臀筋伸ばし3

片ひざをグッと胸元に引き寄せてキープ

地面に寝ころび、片ひざを身体にグッと引き寄せることで大殿筋が伸びています。

4

下半身
20～30秒
×
左右

梨状筋伸ばし

片ひざを胸元に
その状態をキープ

自分の胸に片ひざを引き寄せ、梨状筋を伸ばします。

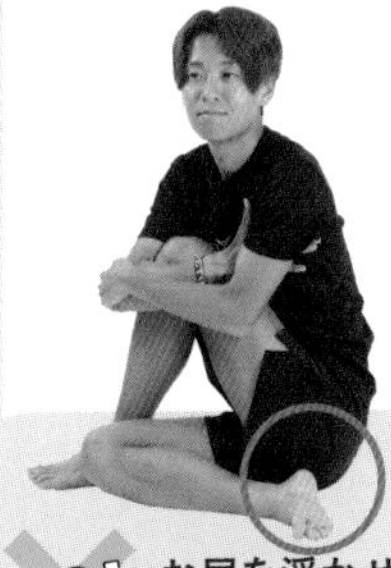

これはNG！

お尻を浮かせず常に地面につける

お尻が浮いてしまうと、伸びにくくなるので注意。

5

下半身

20～30秒
×
左右

中臀筋伸ばし

SIDE

視線を前方に
姿勢はまっすぐ

腕と足をまっすぐにして、姿勢も前傾、後傾にならないように。

大腿筋膜張筋伸ばし

6

下半身
20〜30秒
×
左右

タオルをひっかけてゆっくり倒れていく

足にバンド、またはタオルをひっかけて、足とは逆側の手で足を上に持ち上げます。ゆっくりと足を倒していく。この動きで骨盤の横、大腿筋膜張筋を伸ばします。

Variation

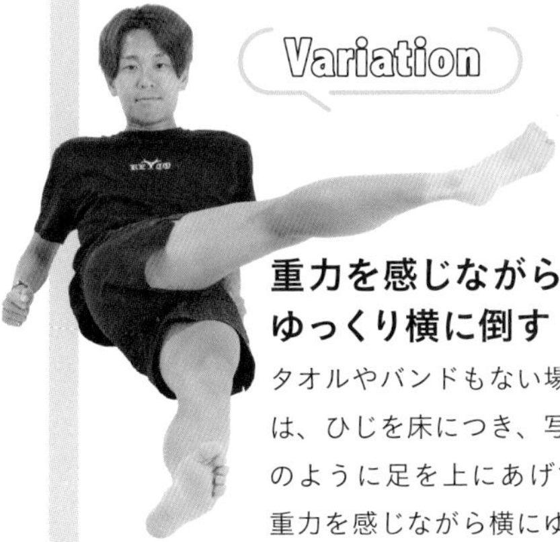

重力を感じながらゆっくり横に倒す

タオルやバンドもない場合は、ひじを床につき、写真のように足を上にあげて、重力を感じながら横にゆっくりと倒していきます。

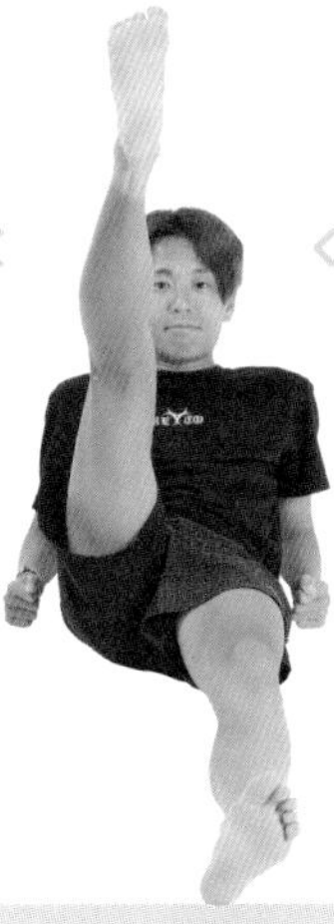

7

下半身

20〜30秒
×
左右

内転筋伸ばし

自体重をかけながら前に倒れていく

足を横に広げ、つま先を前に倒す。自分の体重も少し前にかけるように。これを左右行います。

8

下半身

20〜30秒
×
左右

ハムストリングス伸ばし

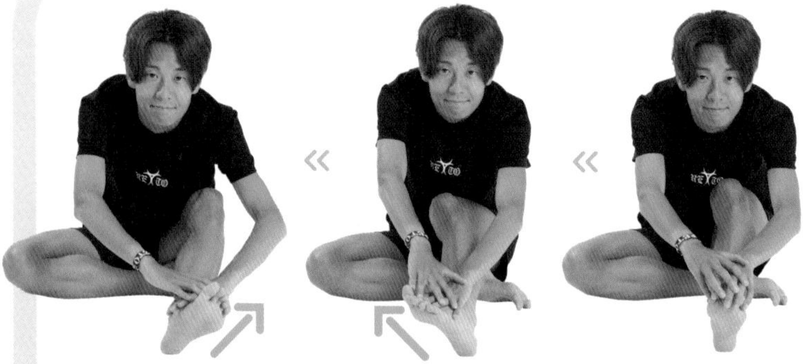

足首を3方向すべてにストレッチ

伸ばしている側の足のひざ下に逆足を入れます。足は曲がっていても OK。この状態で前に体重をかけること。ハムストリングスは半腱様筋、半膜様筋、大腿二頭筋の３つに分かれていて、３方向すべてをストレッチするため、つま先を内側、外側にそれぞれ伸ばす。

9

下半身
20～30秒
×
左右

腸腰筋伸ばし

顔を横に向けたときは、うしろ足のかかとに視線を

骨盤を深くしたに落としたら、片手を上にまっすぐに上げて伸ばしましょう。その状態から身体を前に倒し、あげている手とは逆側に顔を向ける。その際はうしろ足のかかとを見て下さい。腸腰筋がグッと伸びます。

10

下半身
20～30秒
×
左右

大腿四頭筋伸ばし

ひざを後ろに引っ張るイメージで足を持ち上げる

椅子に片手を置き、逆側の手で足を持ち、身体は少し前に傾けます。ひざを後ろにぐっと引っ張るイメージで持ち上げ、これを左右それぞれ行います。

11 ヒラメ筋伸ばし

下半身
20～30秒
×
左右

これは NG!

かかとは浮かせない

伸ばしたいのはふくらはぎ。かかとが浮いていては伸びないので、浮かないように注意。

ひざに体重をかけてキープ

アキレス腱の近くのヒラメ筋を伸ばすストレッチ。体重をひざの上にかけ、身体をあずけ20～30秒じっくりと伸ばします。

12 腓腹筋伸ばし

下半身
20～30秒
×
左右

これは NG!

かかとが浮くと十分に伸びない

地面についている足のかかとが浮いてしまうと、伸ばしたい箇所が十分に伸びない。かかとが浮かないように注意を。

四つん這いから片足をアップ

四つん這いの状態から片足を真っすぐ上にあげます。

13

下半身

20〜30秒

×

左右

すね伸ばし

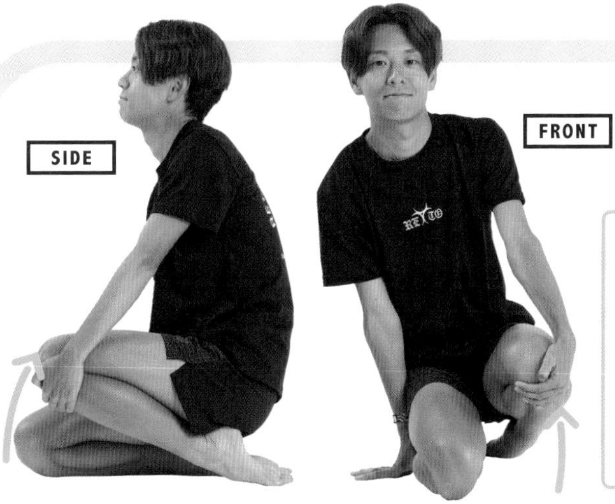

片手でひざを持ちグッと上げる

正座した状態から片足のひざを持ち上げ、すねを伸ばして下さい。

14

下半身

20〜30秒

足の裏伸ばし

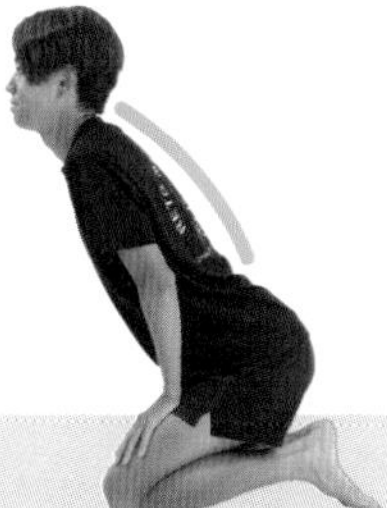

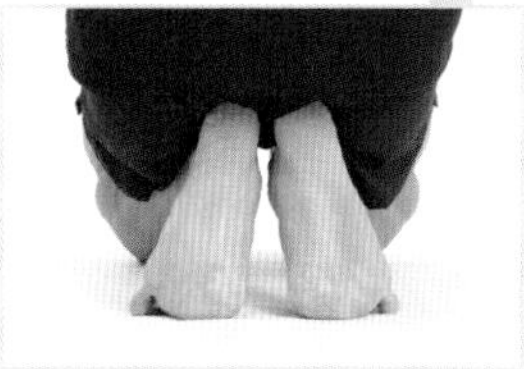

これは NG! 前のめりな姿勢 効果なし

身体の重心が前にかかり、前かがみになると、かかとに体重がのらない。

かかとでお尻の重みを感じる

お尻の体重をかかとにのせ、グッと伸ばす。

COLUMN 1

Kamino Note

青学時代、厳しい練習とチームメイトとの思い出

青学は月曜のオフ以外は練習。毎日早朝から練習があって、当時は4時45分に起床して、5時20分には寮から800m程度離れた公園に向かっていました。ストレッチが終わると13～14kmラン。練習後は朝食をとって学校に行き、夕方から再び練習。寮から5km離れたグラウンドまでアップしながら向かい、練習後、ダウンしながら帰ってくる。夕食後は身体のケアをして、翌朝の練習に備え22時には就寝。当時はそんな生活に何の疑問も抱いていなかったし、逆にその生活に充実感さえも感じていました。それは箱根駅伝という最終目標があったからこそ。みんなでそこに向け切磋琢磨している環境がモチベーションをあげてくれていたんだと思います。

当時1年だった自分が「4年生になったときに箱根駅伝で優勝しよう」と同学年のチームメイトと目標を掲げ、始まった青学での競技生活はとても厳しくハードでした。それらを乗り越えられたのは、「この仲間たちと、原（晋）監督のもとで強くなって優勝したい」という大きな目標があったからです。

実は、僕が動的ストレッチや静的ストレッチを熱心に行うようになったのは青学時代なんです。入学時は周りに強い選手や先輩ばかりで、このままでは到底、箱根駅伝で走ることはできないという危機感がありました。ただ練習で差をつけるのは無理だと思ったとき、練習以外のところで努力すれば、差をつけられるのでは？　と考えたんです。どれも当たり前のことばかりなんですが、実際、時間をかけてやる人が少ない。そこに自分は時間をかけて、それが成果としてしっかり現れた。走る練習以外のところでも時間を使う大切さに気づけたことが、大学時代の成長に大きく繋がったなと思いますね。

Part.2

市民ランナーに向けたトレーニング

お腹をへこませるような動きをする「ドローイン」によって腹横筋を中心とした筋肉が鍛えられ安定したフォームで走れるようになります。
また、高負荷のトレーニングを取り入れ、筋力アップや心肺機能の向上を狙えます。

LESSON
1

自宅でも簡単にできるコアトレ
腹横筋を鍛えて体幹を安定させる

ドローインは腹横筋を始め、内腹斜筋、横隔膜筋、多裂筋など、お腹のインナーマッスルを呼吸で鍛えるトレーニングです。腹横筋や内腹斜筋はもちろん、普段はトレーニングすることが難しい横隔膜筋、多裂筋も同時に鍛えることが可能で、腹式呼吸を行いながら、息を吸うタイミングでお腹を大きく膨らませ、息を吐くタイミングでグッとお腹をへこませることで、お腹周りの筋肉が鍛えられます。お腹に力を入れるときには腹直筋に力が入りやすいですが、これではＮＧです。腹横筋の収縮を意識することがポイントの１つになります。

腹横筋はお腹の筋肉のなかでも〝インナーマッスル〟と呼ばれる身体の内側の筋肉。目視できる筋肉は腹直筋と呼ばれます。一方、腹横筋は深層の筋肉のため直接見ることはできませんが、ドローインで体幹が鍛えられることで身体の軸が安定。姿勢が良くなり、ランニング中のフォームがブレなくなります。また、パフォーマンスをアップさせるだけでなく、腰痛などにも効果的で、その他にもぽっこりお腹の解消などのダイエットや、様々な効果が期待できます。

EFFECT

ドローインで期待できる効果

**内側の筋肉、腹横筋が鍛えられることで
お腹や股関節周りの筋力やバランスが向上する。**

✓

姿勢の改善

お腹まわりのインナーマッスルを鍛えると、体幹が強くなるため、自然と良い姿勢を保ちやすくなります。

✓

腰痛の解消

体幹が鍛えられると、腹横筋が天然コルセットの役割を果たします。腰まわりの負担が減って、楽な姿勢を保てるように。

✓

ぽっこりお腹の解消

内側から下腹部を引き締める効果が働き、ぽっこりお腹の解消が期待されます。

✓

腰まわりのくびれ

腹横筋と外腹斜筋や内腹斜筋が鍛えられることで、ウェストのくびれが出来てきます。

✓

内臓の働きがアップ

姿勢が良くなることで、圧迫されていた内臓が本来のスペースを取り戻して、働きが良くなります。便秘の改善効果や血流が良くなることで冷えの解消につながることも。

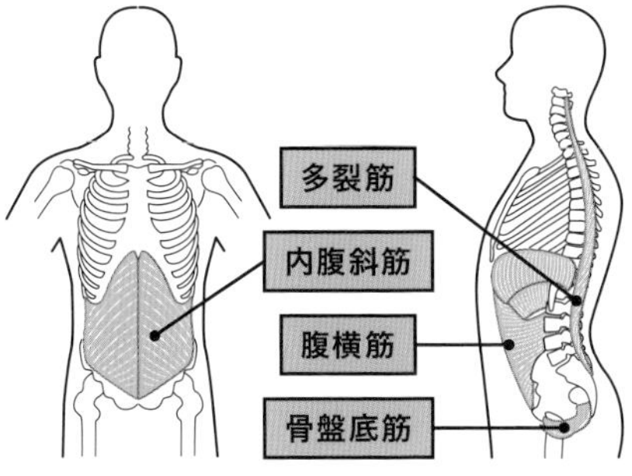

WORK OUT

ドローインで鍛えられる筋肉

姿勢が良くなることで、圧迫されていた内臓が本来のスペースを取り戻して、働きが良くなります。便秘の改善効果や血流が良くなることで冷えの解消につながることも。

ドローインで

身体の軸がブレにくくなり、姿勢もよくなって楽に走れる

1

1〜3 SET
10〜30秒

仰向けに寝てドローインをすることで、
お腹や背中の筋肉の動きを意識しやすくなる

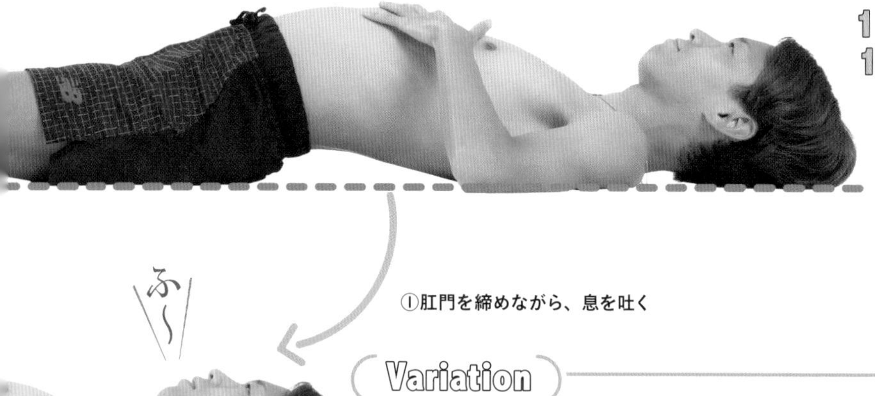

①肛門を締めながら、息を吐く

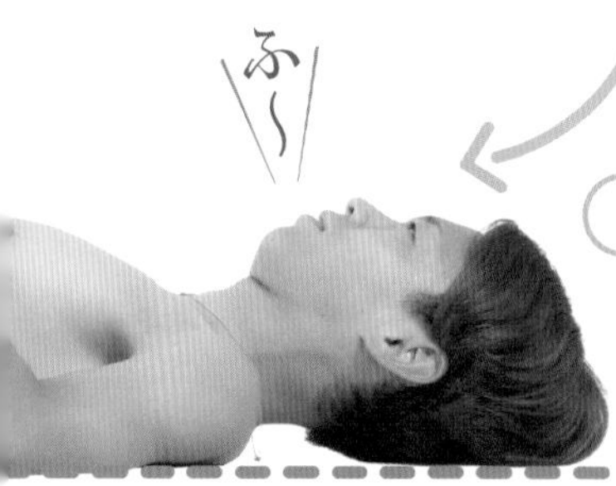

Variation

最初はひざ立てからやってみよう！

両ひざを伸ばして行うのが難しい人は、ひざを立てた状態から初めてみましょう。ドローインは仰向けで行うこのバリエーションが一番大切。焦らず確実に腹横筋が使えている感覚をつかむまで繰り返し行いましょう。

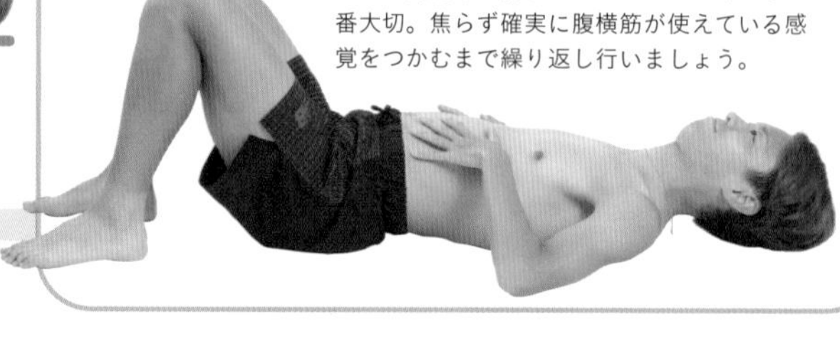

ランニングは見えない内側の筋肉（インナーマッスル）を鍛える必要があります。ドローインでインナーマッスルが鍛えられると、身体の軸がブレにくく姿勢もよくなります。骨盤が前傾するので足を前に出しやすくなり、楽に走れます。

ただし、簡単そうに見えて、習得に時間がかかります。青学時代、この「ドローイン」ができるまで3ヶ月、「四つん這い」が2ヶ月、「ひざ立ち」で2ヶ月、「T字ドローイン」で3ヶ月かかりました。「ドローイン」から必ず順番に行い、1つが確実にできてから、次に進んでください。

これ以上ないところまで息を吐ききる

仰向けに寝ます。ひざは伸ばしても曲げてもOKです。お腹の動きを確認したい場合は、両手をお腹に添えてみましょう。これ以上お腹がしぼまないというところまで息を吐ききったら、その状態で浅い呼吸を繰り返しましょう。これを1～3回ほど繰り返します。慣れてきたらセット数を増やしてみてください。仰向けができるようになったら、四つん這いのドローインにチャレンジしてください。

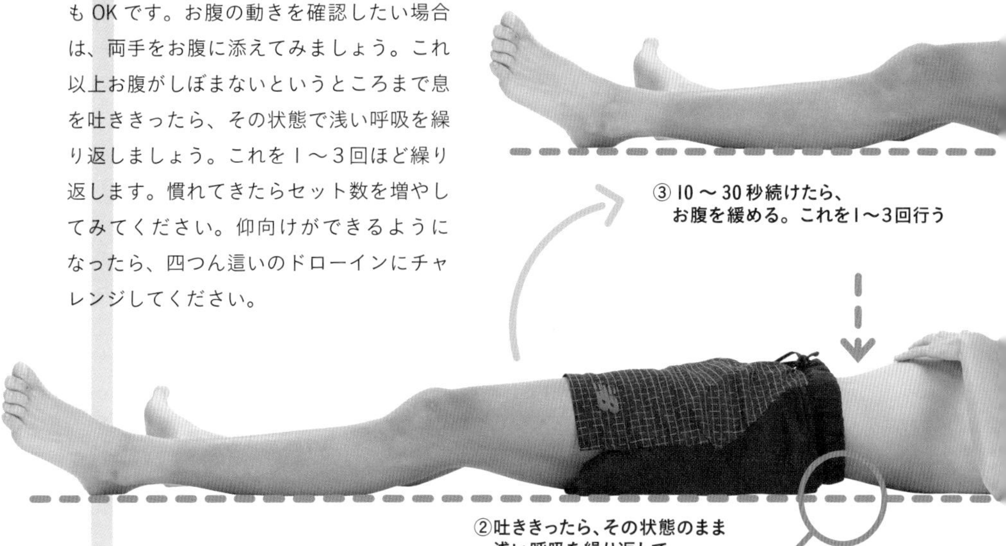
浅い呼吸を繰り返して、
10～30秒続ける
ナチュラルカーブ
手のひら1枚分の
スペースを空ける

四つん這いドローイン

重力が負荷となり
さらに効果アップが見込める

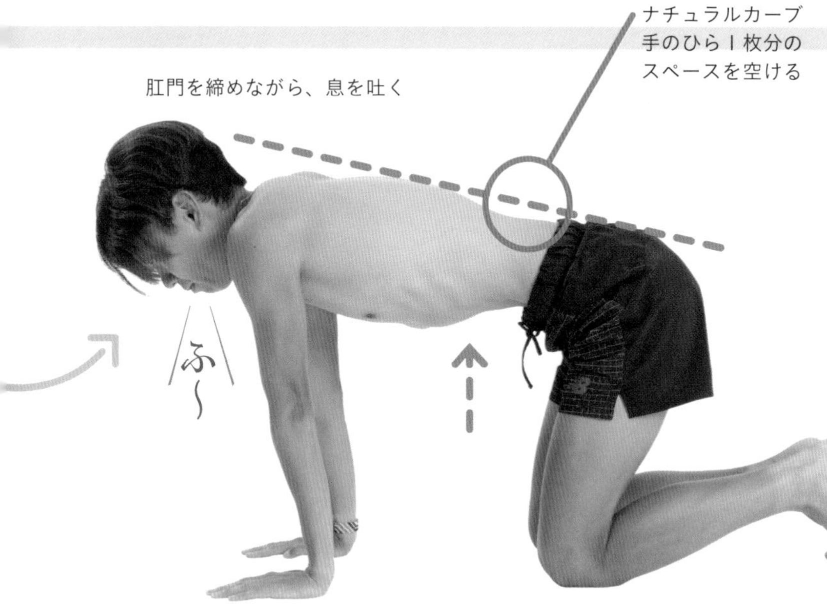
肛門を締めながら、息を吐く
ナチュラルカーブ
手のひら1枚分の
スペースを空ける
ふ〜

2

1〜3 SET
10〜30秒

これはNG! 腹直筋などに力が入ったらNG

すべてのドローインに共通していえるのが、お腹に力を入れるときに腹直筋、お尻、肩などに力が入るのはNG。余計な力が入ることで、正しいドローインができなくなります。

効果をさらにアップさせるのが四つん這いでのドローイン。重力が負荷となり、さらに腹横筋を鍛えることが可能となります。背骨をしっかりと感じながら、背中の方にお腹を引き込んでください。
　通常の姿勢のドローインよりもお腹にダイレクトに効いていることを実感できます。

Point

ナチュラルカーブを意識

ナチュラルカーブができるようなイメージで姿勢をとる。

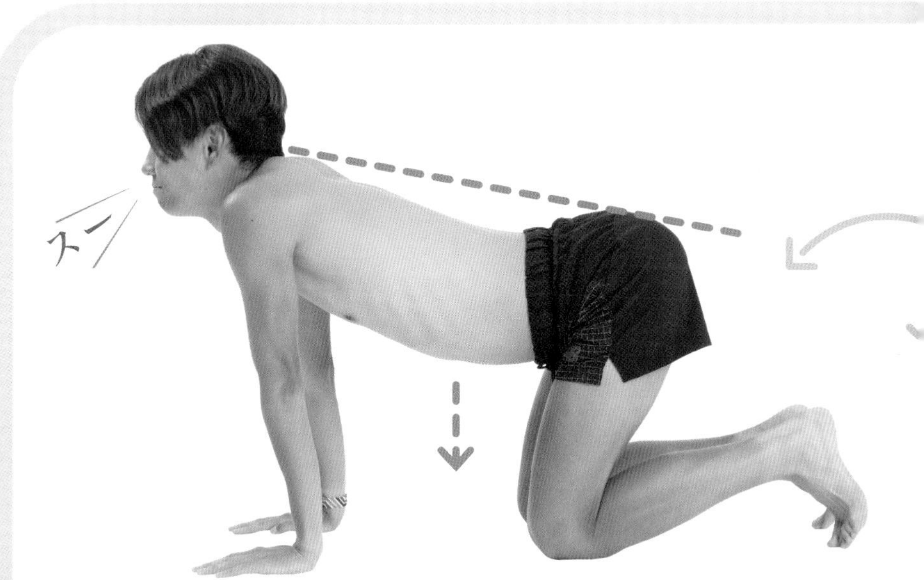

背中を丸めて お腹を収縮させる

腕とももが床と垂直になるように、手と両ひざを床について四つん這いになります。その状態から背中を丸めてお腹をギュッと収縮して、息を吐ききります。10～30秒続けた後、息を吸いながら徐々に元の姿勢に戻します。この動作を繰り返しましょう。

ひざ立ちで行うドローイン

仰向け、四つん這いの次にチャレンジ

3

1〜3 SET
10〜30秒

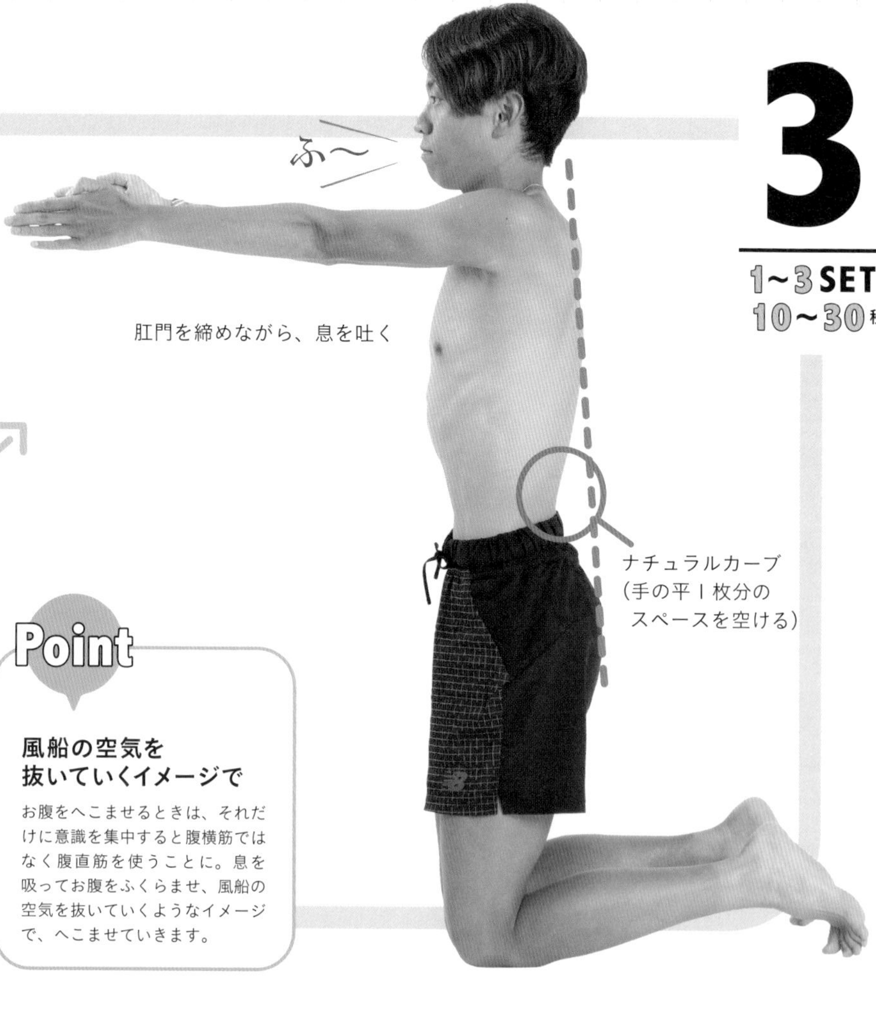
ふ〜
肛門を締めながら、息を吐く
ナチュラルカーブ
（手の平1枚分の
スペースを空ける）

Point

風船の空気を抜いていくイメージで

お腹をへこませるときは、それだけに意識を集中すると腹横筋ではなく腹直筋を使うことに。息を吸ってお腹をふくらませ、風船の空気を抜いていくようなイメージで、へこませていきます。

仰向けに寝た状態でのドローインと四つん這いでのドローインができるようになった、次はひざ立ちの状態でのドローインにチャレンジしてみてください。ひざを骨盤幅に開き、ひざ立ちをし、両手を前に伸ばします。姿勢を正して胸を張る。ゆっくり口から息を吐いて、お腹をへこませていきます。息を吐ききったらお腹をへこませた状態で、浅い呼吸を繰り返しながらリラックスしてください。

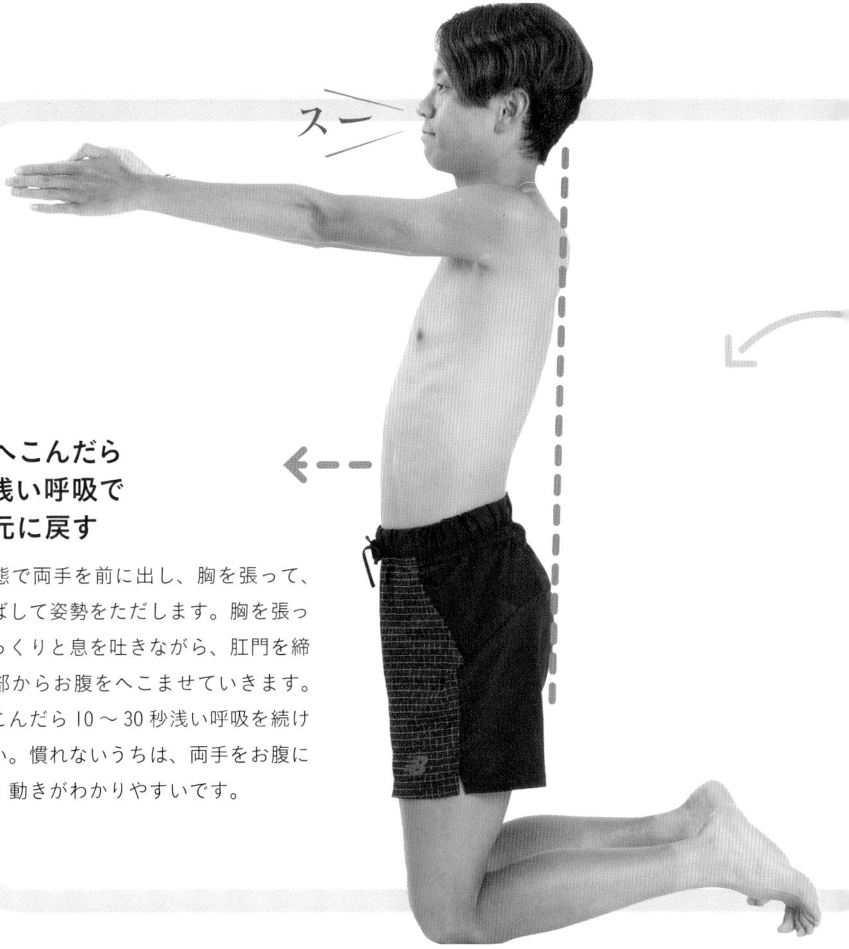

お腹がへこんだら
徐々に浅い呼吸で
お腹を元に戻す

立ひざ状態で両手を前に出し、胸を張って、背筋を伸ばして姿勢をただします。胸を張ったままゆっくりと息を吐きながら、肛門を締めて下腹部からお腹をへこませていきます。お腹がへこんだら 10 ～ 30 秒浅い呼吸を続けてください。慣れないうちは、両手をお腹にあてると、動きがわかりやすいです。

T字ドローイン

ベルトの穴を見て
ドローインの効果を確認

4

1～3 SET
10～30秒

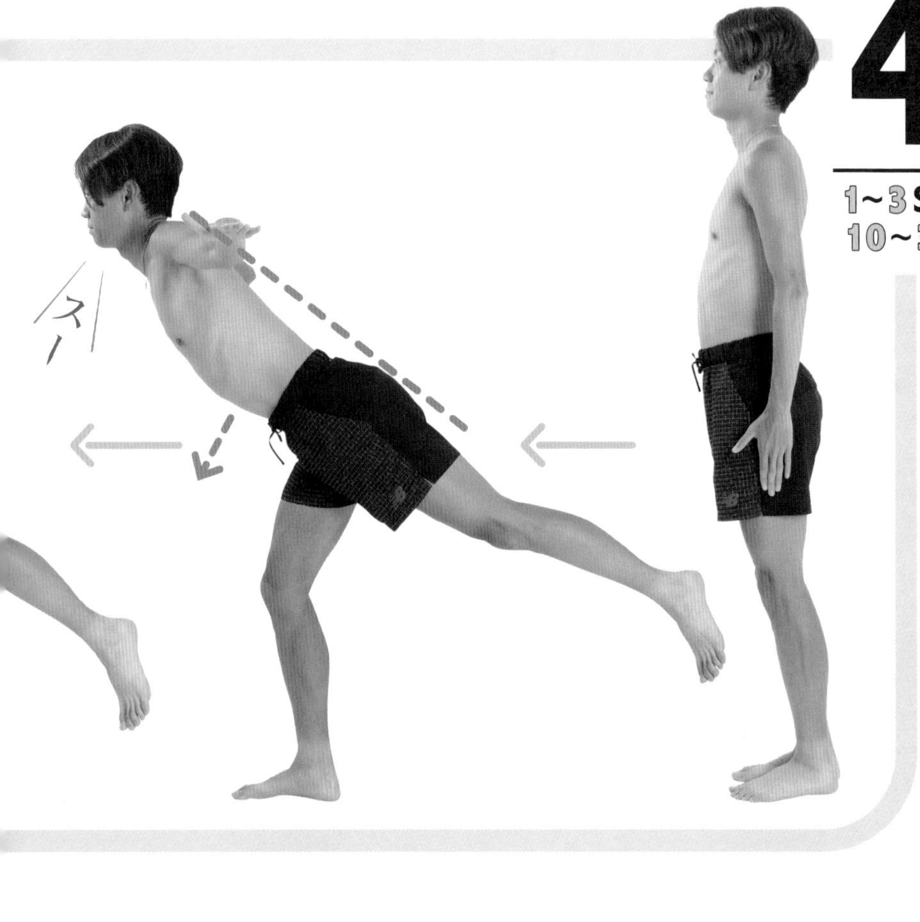

「ドローイン」「四つん這いドローイン」「ひざ立ちで行うドローイン」ができたら、最後に「T字ドローイン」を行います。この4つの中で、最も難しく、効果的なトレーニングが「T字ドローイン」になります。これらは、順番に1つずつできるようにならないと、習得できません。これまでと違い、片足立ちにでバランスの悪い中、いかに正しくドローインを行うかがポイント。

ドローインができているかの目安として、トレーニング後にウエストを測ってみましょう。ベルトの穴が1〜2つ縮んでいたら、ドローインが正しく効いている証拠です。

Point

片足立ちで角度をつける

片足を持ち上げてバランスを取ったときに角度をつけると腹横筋に刺激が入りやすくなります。

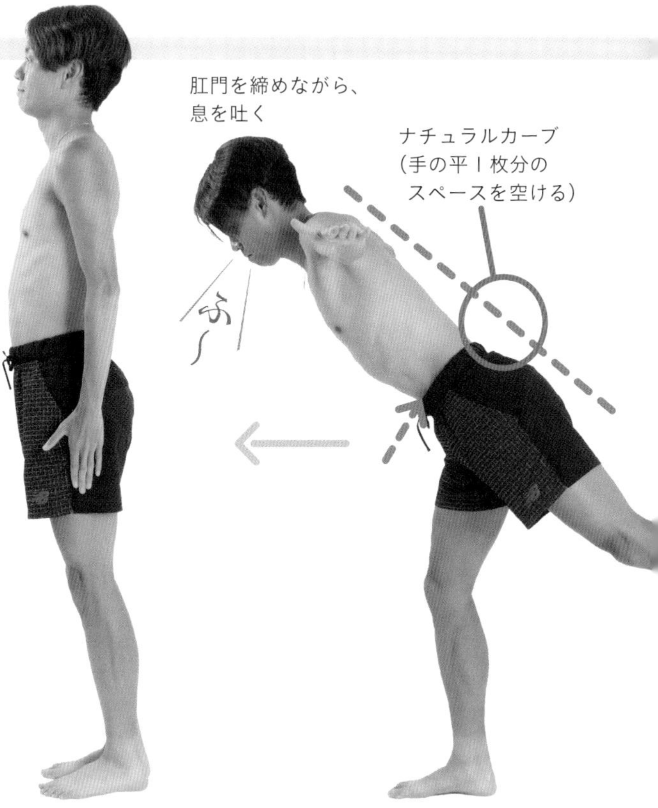

肛門を締めながら、
息を吐く
ナチュラルカーブ
(手の平1枚分の
スペースを空ける)
ふ〜

肛門を締めながらお腹をへこませる

両腕を広げて上体を前傾させながら、片足を持ち上げてバランスを取ります。胸を張って、背筋は伸ばしたままで、ゆっくりと息を吐きながら、下腹部から肛門を締めながら、お腹をへこませていきます。お腹がへこんだらその状態を10〜30秒。その間、呼吸は浅く続けてください。終ったら、両腕を閉じて上体を起こします。これを1〜3回行います。

目標や目的を決めて トレーニング方法を決める

例えば、フルマラソンを走りきるためには、それに向けた準備が必要で、大会に出場するためには計画性のあるトレーニングをしなければ完走できず、もちろん良い結果も出ません。また、しっかりとトレーニングを積んでいないと自分のペースを乱し、持っている力以上のものを発揮しようとして怪我を招くこともあります。４２・１９５kmを走り切るためにぜひ取り入れたいのが、すべての走りの基本となるジョギング、ロング走やインターバルトレーニング（ショート、ロングなど）、ヒルトレーニング、クロスカントリーなどです。目標や目的を決めて、それに合うトレーニング方法を行いましょう。

マラソントレーニングの種類

・ロング走（距離走）
・ジョギング
・インターバルトレーニング
・ヒルトレーニング
・クロスカントリー走

など

ロング走

20km、30km、40kmなどの距離を決め、
一定のペースで走るトレーニング

本番に近い距離で自信を持つ

持久力が鍛えられることはもちろんですが、本番に近い距離を走ることで自信に繋がるという精神的な効果も期待できます。

ジョギング

あらゆるランナーにとって最も大事な練習。
マラソン練習の8割を占めるトレーニングの基本

いきなり実践的な練習に取り組まなくても、少しずつ走行距離が伸びれば、マラソンのタイムも縮まっていくので、まずはジョギングを大事にしてください。週間の走行距離目標などを決めて走ると良いでしょう。実は、トップ選手でもトレーニングの8割はジョギングが占めているほどなんです。

ジョギングに対してどのような意識で取り組むか。それが競技成績に関わってくるだけに、その「意識」はとても重要です。ジョギングと一言でいっても、人と話をしながらゆっくりと走るのか、多少息が上がるペースで走るのかでも異なります。その時々の自分の目的に合わせたジョギングをすることが大切で、例えば疲労が蓄積しているときは少しゆっくりと、トレーニングを集中的に行う時期であれば少しペースを上げて長めの距離を走りラストはさらに少しペースを上げて終わるといったように、目的に応じた工夫ができるかどうかがポイントです。

また、ランニングフォームも意識してください。きつい練習時にフォーム矯正するのは難しいものですが、ランニングの時であればフォームやリズムも気をつけやすいです。また、レースペースで走る時とジョギング時のランニングフォームはできるだけ一定のほうが良いので、そのあたりもこまめにチェックしてください。

走ることを習慣化する

インターバルトレーニング

ゆっくりジョギングするレスト（休息）を挟みながら、速いペースで繰り返し走るトレーニング

ショートインターバル

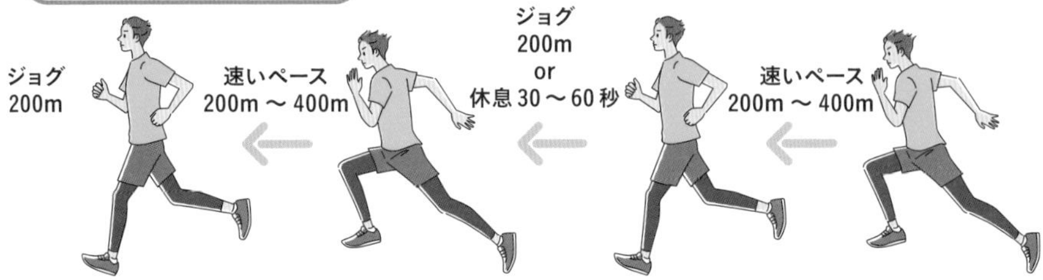

400 mを9～10 割程度の速いペースで走った後、200 mジョギング（ジョグ）を繰り返す。500 m走って100 mジョグという場合も。これを10～12本ほど、3、4セットに分けて行います。VOX2 MAX（最大酸素摂取量）やスピード持久力などの向上が期待できます。肺機能のアップによって余裕を持って長い距離を走ることができるようになります。しっかり最後まで設定ペースで走り切ることが大事です。

ミドルインターバル

ロングインターバル

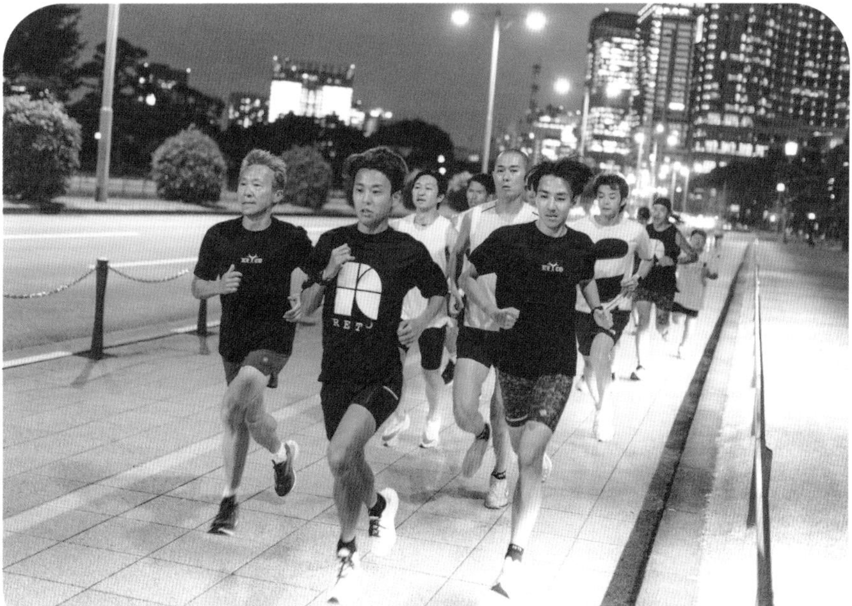

レースを利用したトレーニング

トレーニングの成果を確認するため、
ハーフマラソンなどのレースに挑戦する

トレーニングの成果を確認するために、出場するレースの前に、走る距離の短い大会などに参加して走ってみるのもよいでしょう。その成果によって、フルマラソンを走るペースの予測が可能になります。また、大会の雰囲気に触れることも本番に必ず役に立ちます。

TTK
神野 大地
富士通 Japan

ヒルトレーニング

坂の傾斜を利用してダッシュする

傾斜のある坂を上っていくもので、僕もよく行っているトレーニングです。平地と比べて強い蹴り出しが要求されるので、裏側にある筋肉（ハムストリングスや大殿筋）が自然と使われ刺激が加わり、筋力が強化されます。また、アキレス腱や足底筋膜等が強化され、効率的な走りに繋がります。

速く走ろうとするとどうしても足を前に振りだす動作が多くなるのですが、坂は傾斜がある分、どちらかといえば足を振り出すよりもすぐ着地しようとする意識が働きます。そうしたフォームの癖を修正し、重心の真下で接地する正しい動きを身につけるのにも適したトレーニングです。

坂は短め（１００ｍ以内）であれば、筋力強化の意味合いが強い練習になります。また、２００ｍ以上になると心肺機能と筋力強化両面の効果が期待されます。短い距離の時は全力に近い形（9割5分くらい）で行い、間は十分なリカバリーをとってください。２００ｍ以上の時は7~8割くらいのスピードで行い、リカバリーはジョグやウォークで繋いでください。本数を重ねるごとに、だんだんと心肺への負荷が高まる形で行えればｇｏｏｄです。

クロスカントリー

森や林、大きな公園内の芝生など舗装されていない道や、不整地を走る野外走トレーニング

普段、舗装されたロードはきれいな状態ですが、クロスカントリーは不整地で、起伏やデコボコ道になっていてアップダウンがあります。平坦なロードを走るよりも、そういったコースを走ったほうが筋肉に刺激が入り、脚力や体幹の強化にも繋がります。また、アップダウンにより、いつもと同じペースで走ったとしても息が上がりやすくなり、心肺機能も強化。なにより、路面がウッドチップや土など柔らかいため、自分の足で地面を捉え、蹴るということをいつも以上に意識することができ、ロードに出たとき走りやすさを感じます。もちろん足にやさしいので、故障のリスクも抑えることが可能です。

ケニアをはじめ、エチオピアなどのアフリカ勢が圧倒的な強さを見せていますが、クロスカントリーコースが多く、長距離を走る環境が整っていますし、そういったところで走ることで筋肉が刺激され、強靭な脚力や心肺機能につながっているのでは、と感じています。

LESSON
3

高強度で最大の効果を得る タバタ式トレーニング

タバタ式トレーニングは、最大酸素摂取量（ＶＯ２ＭＡＸ）を最も効率よく上げるプルトコルです。高強度で短時間に、間欠的に行うトレーニングで、トレーニングの種類や動きなどに特に決まりはありません。20秒間という短時間にハードな動きをして心拍数を上げ限界に追い込んだ後、10秒の休息を挟み、これを8セット繰り返す計4分間のトレーニング。このプロトコルで心肺機能が向上することが証明されていて、長距離走などの有酸素運動エネルギーと、短距離や中距離などの無酸素運動エネルギーの両方に効果があると言われています。

タバタ式トレーニングで重要なのは8ラウンドを通して、20秒間を最大心拍数に近いレベルで休みなく動き続けること。簡単そうに見えますが、20秒間全力で動くのは想像以上に厳しいです。しかし、心拍数を上げることがこのトレーニングの最大のポイントなので、厳しくても頑張って心拍数を上げてトレーニングを実施してください。ただ、とてもきついトレーニングなので、週に1～2回行えば十分期待できる効果が得られます。練習で自分を追い込むことにフォーカスできる日に、このメニューに入れると良いでしょう。

EFFECT

タバタ式トレーニングの効果

高負荷の運動を実施することで、心肺機能が鍛えられ、持久力の向上につながる。

持久力の向上

有酸素エネルギーと無酸素エネルギーの両方の力を同時に高められます。これにより酸素を摂取する量が増え、持久力がアップ。ジョギングやマラソンをより長く続けられるようになります。

運動強度の目安

強度の目安として最大心拍数を活用します。
＜最大心拍数の計算方法＞
220 ー年齢× 0.9 ／毎分の心拍数

WORK OUT

タバタ式トレーニングの方法

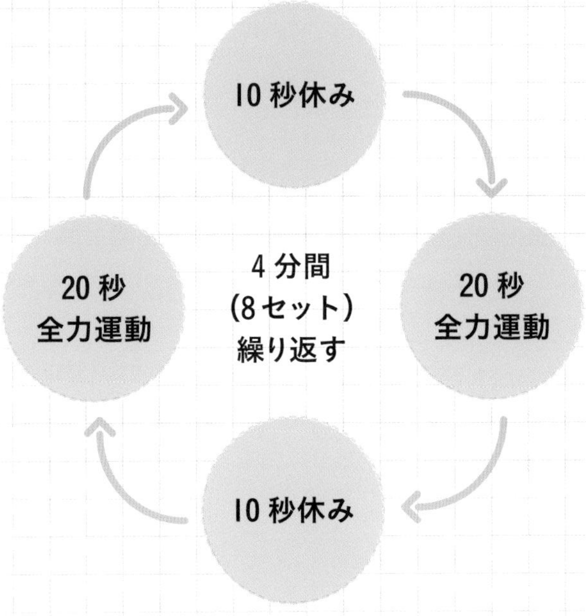

バーピージャンプ

身体が大きく弾んだり、背中が丸まらないよう注意

1

Point

腹筋と背筋を意識し
腰が浮かないように

腰が浮かないように腹筋と背筋を意識して、身体をまっすぐにしてください。

腕立て伏せからジャンプ

両手をついたまま両足を後ろに蹴り出し、腕立て伏せの姿勢になって、地面を蹴って両ひざを引き寄せた後、両手を上げてジャンプしたら、真っすぐに立って最初の状態に戻りましょう。これを繰り返します。

左右ジャンプ

身体が大きく弾んだり、背中が丸まらないよう注意

2

両足を左右に
ジャンプ移動

両手をつき両足を左斜め後ろにつきます。両足で蹴り上げてジャンプしながら右斜め後ろに移動させ、着地します。移動した両足を今度は身体の左斜め後ろに同じように両足で勢いよくジャンプしながら移動します。これを繰り返します。

全力もも上げ

シンプルだけど
かかる負荷は高め

3

場所を選ばず、どこでもできる「もも上げ」はとてもシンプルなメニューですが、正しい姿勢を保ち続けていれば、しっかりと「もも」に負荷がかかります。何度も足をあげたりおろしたりしているうちに、つい姿勢が猫背になったりと崩れがち。目線はしっかりと前を向き、前かがみにならないように意識しましょう。

足はももを上げきった高さでキープ

背筋を伸ばしながら、左足で身体を支えながら右足を上げます。息を吸いながら右足をおろし、今度は左足を同じように上げます。上げた足はももの高さでキープすることを意識し、視線は真正面を見ることを心がけて姿勢をキープさせてください。

COLUMN 2

Kamino Note

箱根駅伝「山の神」誕生秘話

まさか自分が5区を走るなんて。大学に入った時は、5区を走るどころか、目指したいという気持ちすら1%もありませんでした。

2年時はエース区間の2区を走りましたが、その時もまだ5区は目指していなかった。ただ、3年生になってチームとして優勝を目標に掲げた時、5区を少し意識するようになったんです。平地の2区で1分差をつけるのは難しいけれど、山であればそのくらいの差はすぐについてしまいます。優勝するなら絶対に外せない区間で重要性も高く、責任も重大です。

原監督には3年生のときも、今年も2区だと言われていたのですが、「2区は最後に戸塚の壁があるから、しっかり上れるように、坂の練習をしよう」と走った練習で、青学の歴代の先輩のタイムよりも圧倒的に速いタイムを出して5区を走ることが決まったんです。大会まであと2ヶ月でした。

自分の走りが、目標を達成できるかどうか左右する。12月に入って箱根駅伝までの1カ月間は、前年の往路優勝のゴールテープを切るシーンを毎日見て、「今度は自分が箱根でそれを再現するんだ」とイメージトレーニングしていました。そして、毎日のように、山の神になりたいと思って練習していました。

2番でたすきを受けとった時、前を走る駒澤大とは45秒差でした。きついなと思い始めたころに1位の駒大の選手の姿が見えてきて、自分がしっかり走れていることを確認できて。そこで1度リセットしてもう1回ペースを上げられました。相手を追いやすい状況で自分のペースで上れたことが大きかったですね。それに気象条件もよかった。そういったいろいろな要因、タイミングがあってあの区間新は生まれたのかなと思いますね。

Part.3

神野流
走りのコツ

長距離を走るときに疲れずに最後まで走りきるには、
フォームや足の着地、呼吸法、レースプランや
水分補給、シューズ選びなどランニングを始める前に
知っておくべき情報がいろいろあるので
ぜひ実践してみてください。

LESSON 1

正しいランニングフォームで効率よく走る

正しいランニングフォームで走ると、身体に余計な負担がかからず、より効率的に走ることができます。ただ、全身運動で身体への負担が大きいため、間違ったフォームで走り続けると、ダメージを与える場合も。正しいランニングフォームはケガを防ぎ、ランニングの効果を高めます。また、いくつかのポイントを意識し続けることで、基本のランニングフォームを身につけることができ、効率的な走りができるようになるでしょう。

ランニング教室で参加者の方にランニングの正しい姿勢をたずねると、多くの人が「前傾」と答えます。実際は背筋を伸ばし、身体の軸は真っすぐで重心がブレないようにすることが重要で、やや前傾姿勢を意識すると、体重移動がスムーズに。背筋だけでなく、骨盤を立てると、より身体の軸が真っすぐになります。また、長い距離を走っていると、徐々に視線が下に向きやすくなりますが、目線を高く保つことで背筋が伸び、正しいフォームを維持することが可能となります。首や肩に力みがあると体力の消耗につながり、疲労につながります。身体の左右の重心バランスにも注意すると、正しいフォームで走れるようになるでしょう。

正しいランニングフォーム

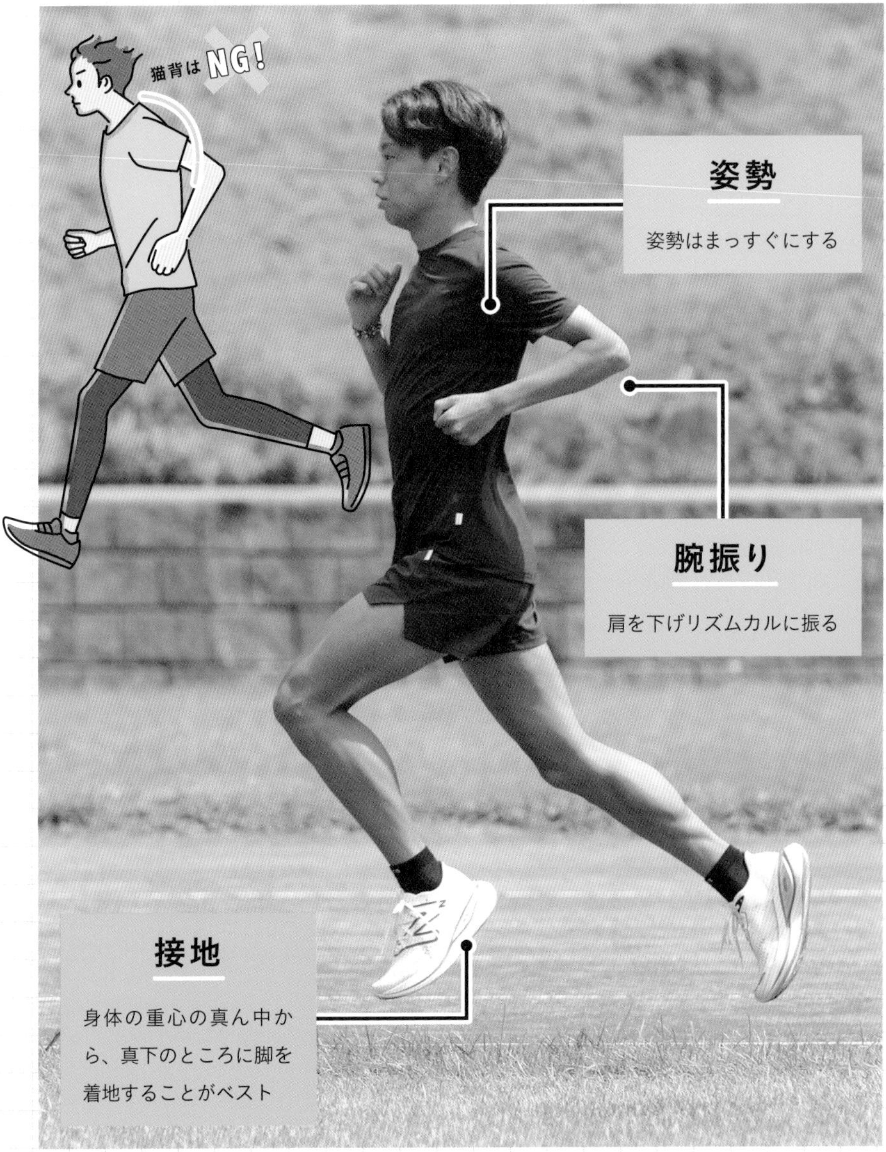
猫背はNG!
姿勢
姿勢はまっすぐにする
腕振り
肩を下げリズムカルに振る
接地
身体の重心の真ん中から、真下のところに脚を着地することがベスト

正しい姿勢

身体の中心にある軸をイメージすることで、余計な負荷を減らし、
効率よくランニングすることができます。

1

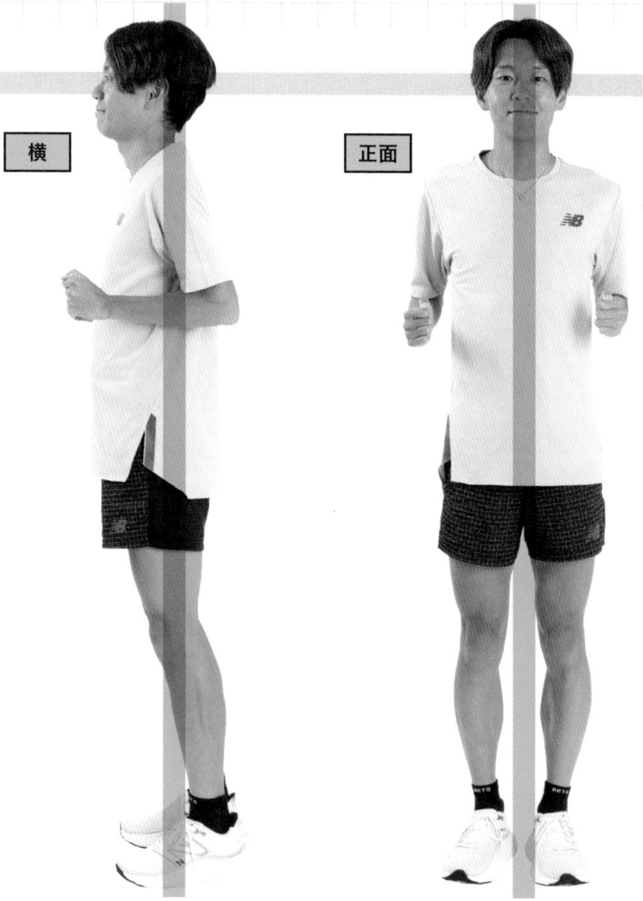

頭から足先まで1本の串が刺さっているような真っ直ぐな姿勢を意識しながら走ります。正しい姿勢で走ると、足の運びがよく、正しく地面に着地することができ、地面を蹴り上げたときに自分の体重分だけ力をもらうことができ、効率のよい走りに繋がります。

これはNG!

腰やお腹を突き出した格好で重心が後傾してしまう。上体や骨盤が後傾してしまうと、効率が悪くなり、ブレーキのかかる走りになったり、ケガも起こりやすくなります。

前傾を意識しすぎて猫背になってしまいます。上半身が大きくぶれて前後や左右に動いてしまい、ひざや腰に大きな負担になることも。

腕振り

腕を振ることで、前へ進むための推進力を生み出し、
疲労も軽減することができます。

2

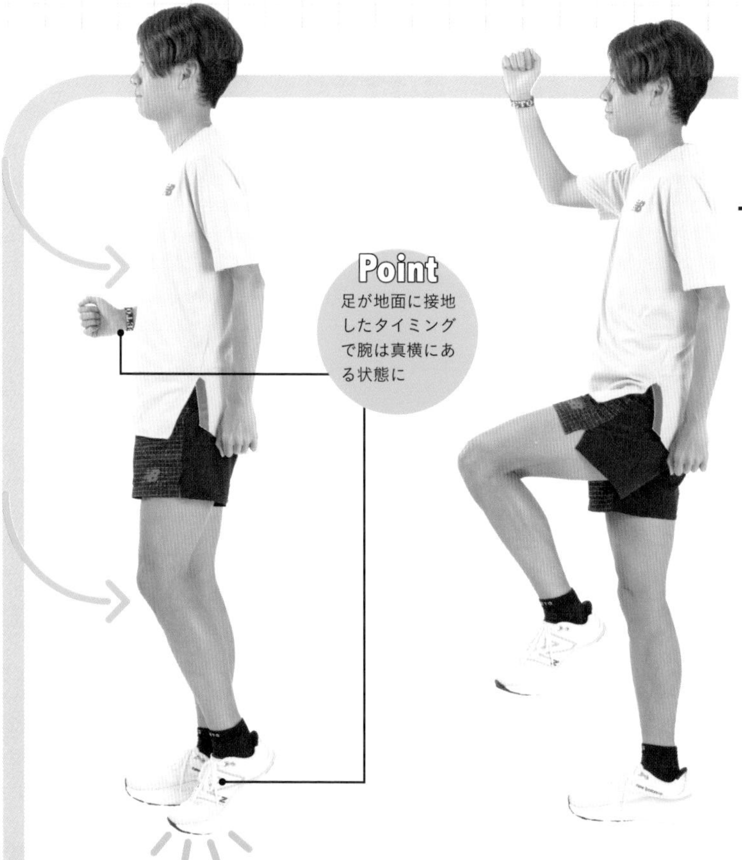
Point
足が地面に接地したタイミングで腕は真横にある状態に

走るときには「しっかりと腕を振ることが大事」と言われますが、右腕を前に出すと自然と左足が出るように、足の動きと腕の動きは連動しています。ランニングというと足を意識しがちですが、腕をしっかりと大きく振ることで自然と足が前に出て、より大きな推進力を生み出しています。

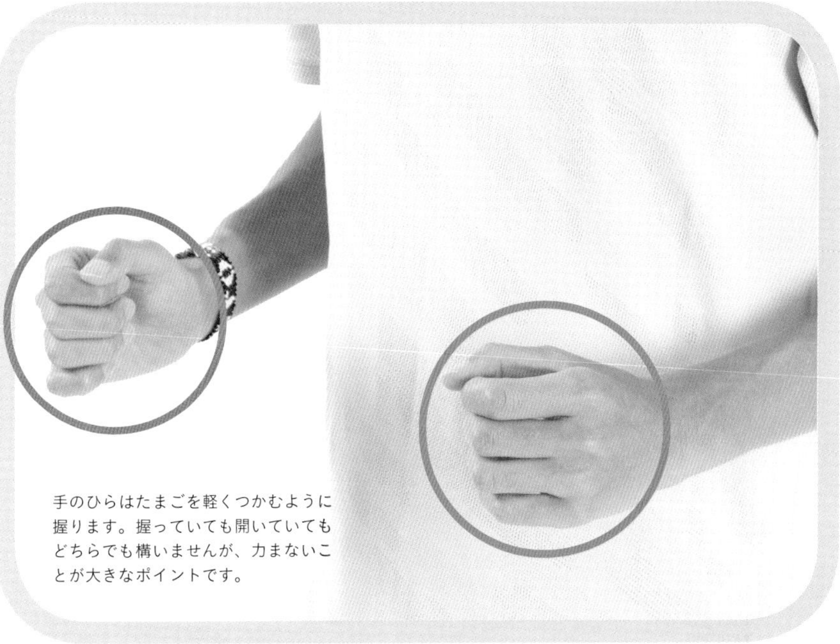

手のひらはたまごを軽くつかむように握ります。握っていても開いていてもどちらでも構いませんが、力まないことが大きなポイントです。

これはNG！

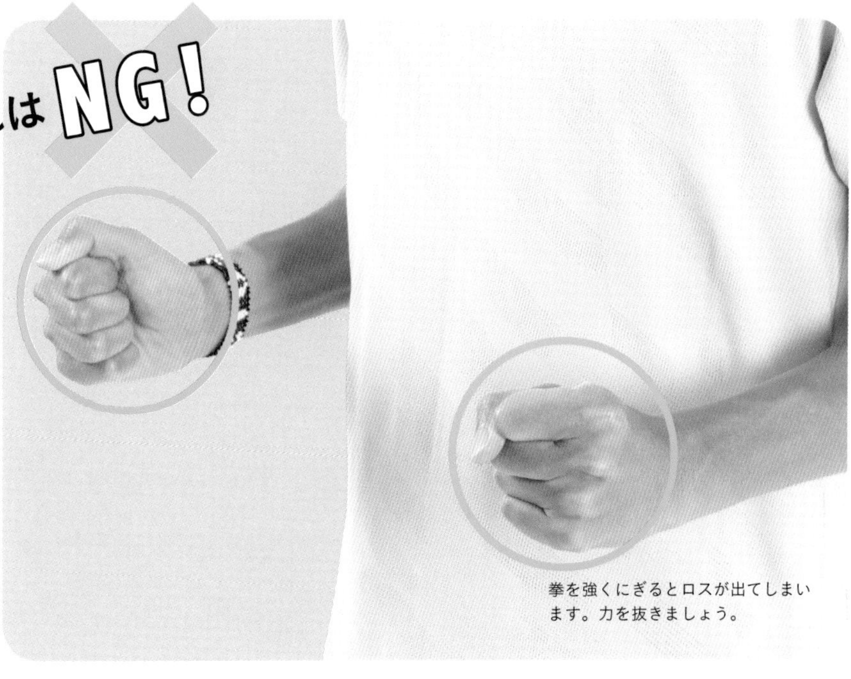

拳を強くにぎるとロスが出てしまいます。力を抜きましょう。

接地

身体の重心の真ん中から、真下の位置に足を接地して、なるべく短い時間で蹴り出すことで、より速く走ることができます。

3

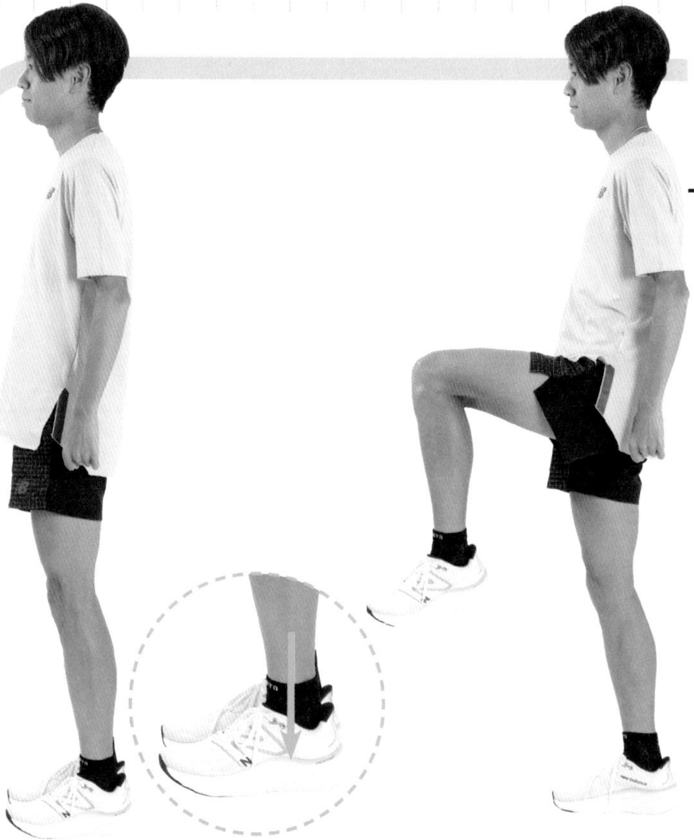

ランニングでは、足のどの部分から着地すると良いのか、話題になりますが一概にどれがいいとは言えません。つま先から着地、かかとからの着地、足裏全体での着地がありますが、自分の身体の特性に合った着地の仕方を見つけてください。ただし、共通して大切なことは、接地した足の位置が、身体の重心の真下にくるように心がけましょう。

接地時間は短く！

地面の接地時間は短いほうがベスト。練習方法としては、その場で素早く10秒間小刻みにジャンプして、感覚をつかんでいきます。

地面に着地して、すぐに垂直に跳び上がりながら、身体の重心の中心がブレていないかどうか確認し、その感覚をつかむことができます。

これはNG！

ランニング時に足を前に振り出しすぎると、接地時に強いブレーキがかかってしまいロスに。ひざや腰へ強い衝撃やストレスがかかってしまいます。

上り坂

やや前傾姿勢を意識しながら、歩幅は小さく、小刻みにして、スピードをコントロール。体幹を意識しながらバランス良く走ります。

4

上り坂になると、どうしても前傾の意識が強くなりがちです。でもそれでは地面からの反発をうまく利用することができず、うまく前に進むことができません。平地を走っているときと同じような姿勢で力まずに走ることが大切です。

これはNG！

目線は常に真っすぐ！

目線が上、または下を向くと、前傾や後傾姿勢になり、地面からの反発をうまく利用できません。上り坂でも５～10ｍ程度先を真っすぐに見て走ってください。きつくなるとどうしても顎が上がってしまいますが、そうなるとうまく呼吸しづらくなるので注意しましょう。

「タイムをロスしないように」「ここで頑張らないと」と気負いがちですが、変に力が入るのはマイナスに。「ペースは落ちてもＯＫ」くらい心にゆとりを持って走ってください。きつくなってきたときには無理に足で頑張ろうとするのではなく、腕を振ることに意識を向けると、足が自然と前に出ます。

下り坂

下り坂は無意識のうちに全身でブレーキをかけようとして身体が後傾になりがち。やや前傾尾を意識して、歩幅は小さく小刻みに足を運びます。

5

下り坂はどうしてもペースが上がってしまう傾向が強く、歩幅が大きいと身体に負担がかかり、次の平坦な道や上り坂がきつく感じることも。ひざを痛める原因にもなります。勝手に身体がブレーキをかけるように重心が後ろにかかって後傾になりがちなので、重心を少し前にして、地面を着地する時にしっかりと上半身（の体重）をのせてください。

目線は5〜10m先を真っ直ぐ見る

顎が上がらないよう注意

身体の軸は坂道に対して垂直にし、平地で走っている時と同じように、怖がらずに地面からの力をしっかりと捉えて走ってください。

これはNG!

顎が上がったり、上半身が後傾、または猫背になって目線が足下になるのは避けてください。ブレーキがかかりやすく、ひざや腰にも負担がかかります。

LESSON 2

息を吐くことを意識して呼吸は意識せずに自然にまかせる

日常の生活では無意識に呼吸を行っていますが、ランニング時は呼吸の方法が間違っていると、走るのがつらくなったり、息がすぐに切れてしまいます。そんな経験をされた人も多いのではないでしょうか。正しい呼吸法を行うことができれば、徐々に長い距離を走れたり速く走れたりするなど、よりランニングが楽しくなります。

基本は鼻から息を吸って、口から吐く。呼吸でリズムを作って、そのリズムで走ると良いでしょう。「〝スースハーハー〟の呼吸がいいんですか？」と聞かれることも多いのですが、呼吸をすること自体も結構疲れる動作なのです。きつい時だけでなく楽な時にも「スースーハーハー」呼吸をしていたら、それだけで心拍数が上がってしまいます。必要な時に必要な分だけ呼吸したほうが良いですね。

まず、走っている時は息を吐くことに意識を向けてみてください。そして呼吸のリズムは一定に。「スースーハーハー」という呼吸は過度な呼吸を繰り返すことになるので、序盤からやる必要はないと思います。いろいろ試しながら、自分に合った呼吸法を見つけてみてください。

呼吸のリズムは一定に

鼻から息を吸って、口から吐く

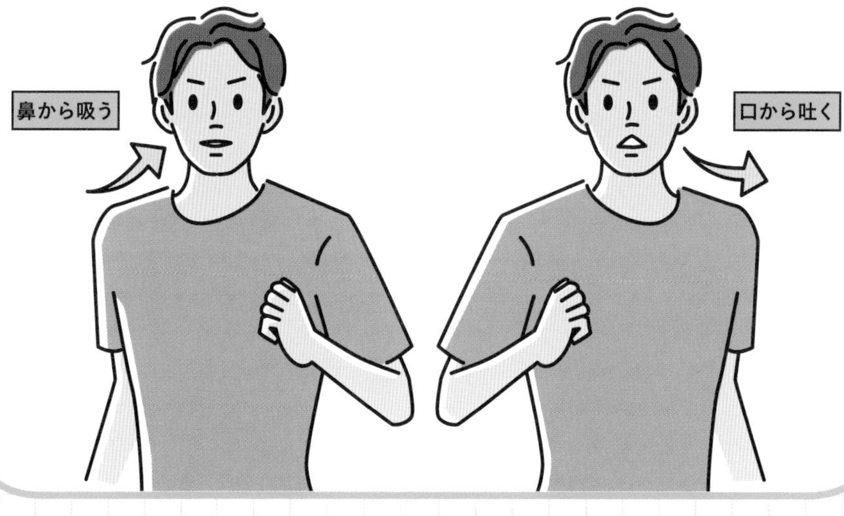

LESSON
3

本番で意識すること（ペース配分）

目標達成を近づけるネガティブスプリット

エリートランナーの場合はレースについていくためにペースメーカーの設定に頑張って無理矢理ついていこうとする場合もありますが、市民ランナーの方はそれぞれ、自分自身のなかで目指したい明確なタイムを設定していると思います。そのタイムを達成するにあたって大切なことは、何よりも適正なペースでレースを進めることです。

本来は１kmを５分ペースでと考えていたのに、大会の雰囲気にのまれてハイテンションになり、４分45秒で走ってしまい、残り40km以上あるのに「あれ?急にきつくなってきたぞ」という経験をされた方もいるのではないでしょうか。それは完全にペース配分のミスです。

自己ベストを更新しやすい、または目標タイムをクリアするには、まず自分が狙いたいタイムの半分でハーフを通過することが大切です。実は練習ができている人ほど目標を達成したいと思っていて、でも、舞い上がってしまう人が多い。ただ、自分が練習してきた以上に突っ込んだ速いペースで42km走り切る練習はできていない。だから、後半ペースを落としてしまい、本当に出したいタイムが出せず終わってしまう。だからこそ、オーバーペースにならないようにということを注意して走ってほしいですね。適正ペースで走れば、必ず走り切れると思うので。

長いフルマラソンにおいては、元気な前半のうちにタイムを貯金しようとして、多くのランナーが後半に失速しがちです。それを少しでも解消する走り方を『ネガティブスプリット』と言いますが、主宰しているランニングクラブの方で昨年自己ベストを更新した方には、「絶対に前半おさえてください。行き過ぎないようにしてください」と伝えていて、クリアしてゴールされた方はみんな『ネガティブスプリット』の方たちでした。逆にそのアドバイスが遂行できず、前半で2、3分の貯金を作ろうと走った方は、目標をクリアできていなかったですね。

目標を達成したい方は『ネガティブスピリット』をオススメします。

本番で意識すること（スタート前〜ゴールまで）

レース序盤は体調をチェックして様子見 終盤は自分を奮い立たせてモチベーションUP

フルマラソンは42・195㎞と非常に長いので、最初の5㎞はアップするくらいの感覚でレースに臨んでください。序盤は人もかなりの集団になっていて、そこをくぐり抜けて頑張ろうとすると、かなりエネルギーを消費してしまう。たとえば、足が痛くないか、体調不良になっていないかなど、自分の身体の状態をチェックするのがよいでしょう。そして、5㎞以降で徐々に自分のポジションを見つけていく。そのあたりから自分と同じくらいのタイム、または同じようなタイムを狙っているランナーが集団になってきます。その時に「この人はいけそうだな」「無理しているな」といったことがわかってきたりするので、「この人をマークしてみよう」「この人の後ろのポジションをキープしよう」と考えることができ、自分が狙っているタイムに対して、しっかりとペースを作れているかどうかもチェックすることができます。また、5㎞あたりからは楽に走れるポジションも見つけてください。

その後は、ひたすら練習と同じよう走るとか、ペースを守ることを心掛けてください。30㎞をすぎてラスト10㎞になったら、自分自身を奮い立たせるような言葉を投げかけてください。べタですが、「俺は行ける！」「絶対やれるぞ」というようなことですね。

レースが終わるまでお酒を飲むことを我慢していた人は「もう少し頑張ったらビールが飲めるぞ！」というように、自分のテンションが上がるようなことを考えるのもいいと思います。僕の友人に寿司が大好きな選手がいて、35km以降はレースが終わったら寿司を食べることをイメージしながら走っていました。最後の力を振り絞れるように、自分自身のモチベーションをアップさせましょう。

© 激坂最速王決定戦 2021

LESSON
5

水分補給がランニングに与える影響
適切な摂取量、タイミングで

汗をかき体内の水分が減った状態が続くと、パフォーマンスが低下したり、熱中症や頭痛、めまいなど脱水症の原因になります。体内の水分が不足して生じるトラブルを未然に防ぐためにも、こまめな水分補給はとても重要です。とくにレース前後は意識的に水分補給を行うことが必要です。

気を付けてほしいのは、レース当日だけではなく、日常的に水分を補給するということ。私も喉が渇く前に水分補給すること心がけていて、お味噌汁などの食事で摂る水分も含めて１日３ℓ程度は飲むようにしています。ランニング前はとくに、５００㎖のペットボトルを１時間ぐらいかけて飲むことを推奨します。

長時間のランニング時や発汗量が多い場合は、スポーツドリンクや経口補水液も有効です。ただ、レースに出場する場合は、スタート４時間前あたりから動き出すことが多いので、一気に飲むのではなく、時間をかけて試合前で１ℓ程度の水をこまめに摂取しましょう。また、レース当日に摂るものは事前に試し、いきなり新しいものを試すのは避けてください。

給水所のコップを上手に取って、飲む方法

マラソンのTV中継などでよく見られる給水のシーン。レース中なので、給水所で立ち止まって飲んでいられません。上手に取るコツは、なるべくコップの中の水分がこぼれないように、上から手で蓋をしながら取ること。そして飲むときは、飲みやすいようにコップの口を折って、とがった先を注ぎ口のように口に当てて飲みます。

練習後の栄養補給も大事

練習やレースの後は、失われた栄養素をしっかり素早く補給する必要があります。糖質（炭水化物）をしっかり摂ることが重要で、僕はおにぎりやエネルギージェルを摂ることが多いです。

LESSON 6

自分にぴったりな〝一足〟を探す ランニングシューズの選び方

パフォーマンスを向上させるには、シューズや着用するウェアも大切な要素の一つです。もちろん、ランナーにとってシューズの性能は実際に走りを左右する重要なファクターで、良い走りをするためには自分の足や目的に合ったシューズ選びが欠かせません。

ただ、僕は市民ランナーの方にアドバイスをする時に、まずは「これを履いたら速く走れるかもしれないな」「このシューズを履いたらかっこいいな」というインスピレーションを大切にしてほしいという話をしています。気に入ったものを着用して練習やレースに臨んだ方が、モチベーションが上がるからです。でも、実際に履いてみると、シューズと自分の足幅が合わなかったり、シューズの甲の部分の素材がフィットしないと感じる場合もあります。ネットなどで購入する際は、1度購入したことがあるシューズのみにしましょう。例えば、25㎝のシューズでもメーカーによってはサイズ感が微妙に異なる可能性もありますから。基本的には専門のスポーツショップなどで自分が気に入った数足をいくつか試し履きをして、その中から条件をクリアし、ジャストフィットしたシューズを選んで履くのが良いでしょう。

シューズを選ぶポイント

自分の足の形や走り方を把握して試し履きをして、目的やレベルに合わせたシューズを選ぶことが重要です。

1

安定性の高いものを

機能性やクッションなどは、靴の種類やメーカーによって大きく異なります。ランニング中に左右のブレをおさえて、足の軸が安定するようなものを選ぶとよいでしょう。

足にフィットしたものを選ぶ

足のサイズに合わないシューズは、足への負担がかかる場合があります。大きすぎても小さすぎてもいけないので、まずは自分の足の正確なサイズを知り、ちょうどよいサイズを選んでください。つま先にゆとりのないものを選ぶと、走っている途中できつくなってしまうかも。少し余裕があって、指が楽に動かせるとよいですね。アーチサポートが土踏まずにフィットしているかどうかも確認してみてください。かかとがヒールカップにちゃんと収まっているのもポイントです。

グリップ力が高い

グリップ力が高いと、つま先で地面を捉えて蹴り出す力が強くなって、前に進む力に変えることができます。

着地の衝撃吸収の機能が高い

クッション性や反発性にすぐれた機能をもった靴底は、着地の衝撃から足裏、ひざ、腰、関節などの負担を減らしてくれ、捻挫などの怪我の回避にもつながります。靴底の素材によっては、着地の際のプレーキを前方への推進力に変えたり、走りの安定を生んでくれます。

Point

軽量性はオススメも、衝撃吸収機能は大切に

大会などで上位を目指すランニングの上級者向けのシューズは、最低限の機能を残して必要最低限まで衝撃吸収機能をそぎ落としたものがあります。ソールや履き口などの厚さが違っていて、特に初心者は地面の反発をもろに受けてしまいって長距離を走るとトラブルを起こす可能性や疲労が蓄積することも。

自身のランニングのフェーズによって、シューズを変えてみてください。

正しい履き方

自分の足に合ったシューズを選んだら、次は履き方です。正しく履くと、足にかかる負担の軽減や怪我の予防にもつながります。

履き方

2

«

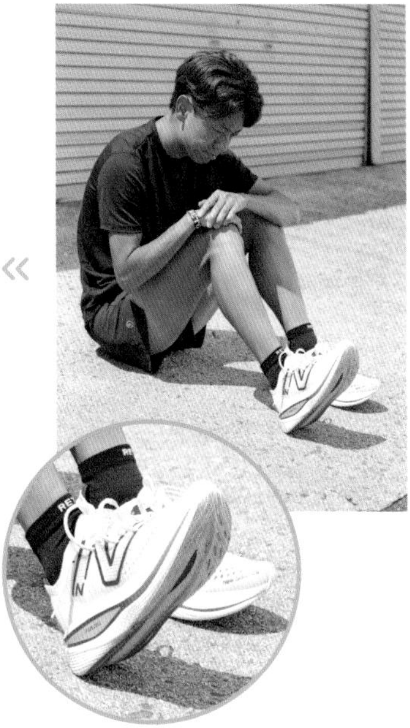

かかとで地面を軽くトントン叩く

シューズを履く前にひもをゆるめた状態にします。足を入れたあら、かかとで地面を軽くトントンと叩いて、ヒールカップにかかとがしっかりと収まっていることを確認しましょう。足先は0.5cmを目安に余らせてください。つま先に適度な空間があると、足の爪とシューズの先端がぶつからず、靴の中で足が動く心配もありません。靴擦れやマメのリスクを避けられます。

ひもの結び方

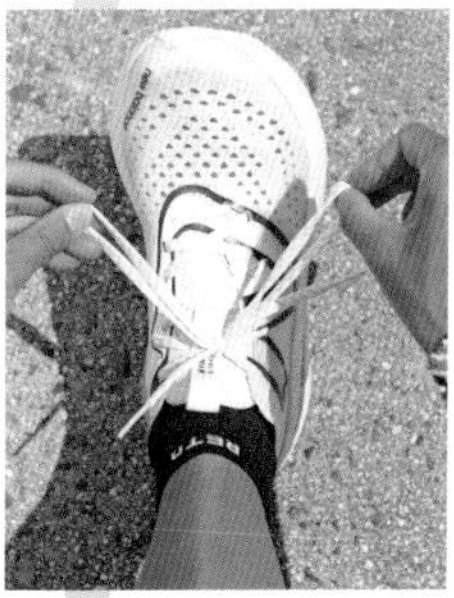

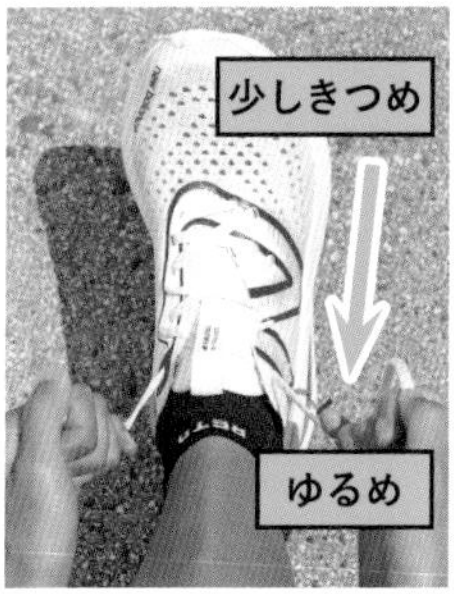

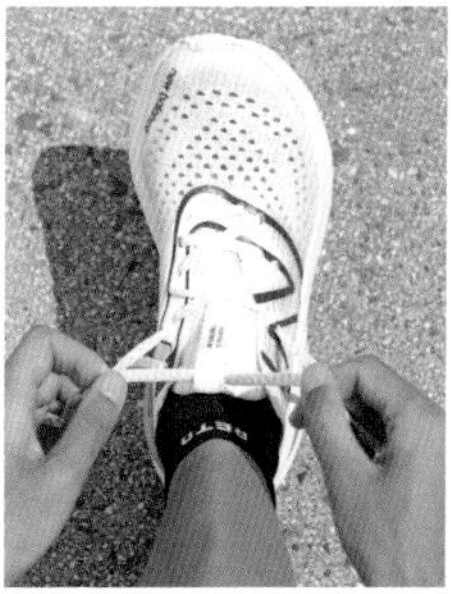

ひもはつま先側を少しきつめに締めて、手前のほうに向かって少しずつゆるめて締めていきます。足の甲を圧迫しすぎないよう注意してください。結び目がもっともゆるくなるようなイメージです。

ひもの結び目はちょうちょ結びで。これで大丈夫なのですが、レースでは人に踏まれたり、突発的なアクシデントもあるので、できれば二重にしてください。

Point

- 腱鞘炎などの原因にもなるので、結びめをきつくしすぎない
- 靴の中に隙間ができると、摩擦でマメができたり靴擦れ、つま先に爪があたって内出血で繰るくなることも。紐がゆるすぎないように注意しよう

シューズ以外のアイテム

ランニング用のソックスやウェア選び、サングラス、時計など、
快適な走りをサポートする便利なアイテムを解説します。

3

ソックス

通気性や滑り止めの機能が完備

ソックス RETO

通気性に優れているだけでなく、土踏まずのサポートや滑り止めなど様々な機能が備わっているものが多く、陸上選手でも滑り止めがついているソックスを履いている人は多いです。人によってすごく好みが分かれていて、「どうしてもくるぶし丈がいい」とか、「二本指」「五本指」などと、こだわりを持っているようです。

ソックスもとことん追求

ソックスにあるブツブツの摩擦で、レース最後に足裏の痛みを経験してからは独自に開発されたものを着用しています。今履いている「RETO（レト）」のソックスは、陸上競技向けの機能性ソックス「IDATEN（イダテン）」さんとのコラボレーションで出来上がったものです。厚底シューズを履いた時などにアキレス腱付近の擦れを防止するミドル丈になっていて、疲労や怪我の予防効果も期待できます。もちろん、足裏のすべり止めやアーチサポート機能もあって、必要な要素はすべて完備されたものを使っています。

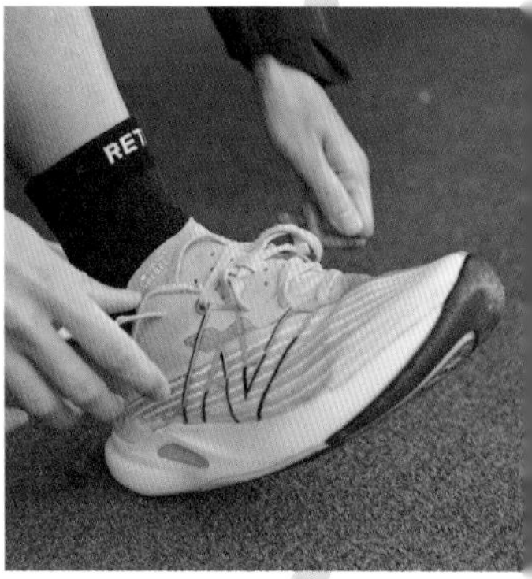

ウェア

テンションが上がるウェア

僕自身は特にウェアにはこだわりがありませんが、ランニングは動きやすい服装で行うのが大前提。吸汗性や速乾性に優れているかどうかで快適さも大きく変わります。「これを着たらテンションが上がる！」というものを選ぶことが大事！

帽子

暑さ対策＆集中力向上

暑さ対策はもとより、帽子は周りの目線をシャットアウトさせて視界に入る情報をおさえ、集中力をグッと高められます。年々帽子を着用するランナーは増えてきていますね。そこで気を付けてほしいのが、帽子を被り続けると熱がこもってムレてしまうこと。途中一度外して開放してあげることも大事です。本当に暑い日にレースが行わる時などは、帽子と頭の間に氷を入れると体温調節の役割も担ってくれます。

パンツ DERIT TECH

パンツ

姿勢が良くなる

ウェアの中に履くインナーは、商品によって股擦れしやすいものもあります。最近は骨盤が立つことで姿勢が良くなり、足が前にスムーズに出やすいものを愛用しています。

サングラス

サングラス Oakley

目の疲労を最小限に

日差しが強いときはもちろんですが、そこまで太陽が出ていない天気のときも、サングラスをかけることは多いですね。単にまぶしさから目を守るだけではなく、クリアな視界を確保することもできますし、何よりも紫外線をカットして目を守り、疲労を最小限にすることができます。マラソンや長時間のランは肉体疲労も大きいので、目を無駄に疲れさせないためにもサングラスの役割は大きいと思います。

時計

多彩な機能で
トレーニングに集中

屋外で利用することが多いので防水性機能は必須ですね。走行中に邪魔になりにくく、ラップを測ることができ、距離の測定も簡単に行える GPS 付きランニング時計を使用しています。僕が使っている Garmin（ガーミン）は心拍数なども計測できるので、ランニングの時だけでなく、健康管理に役立ちます。

時計 Garmin

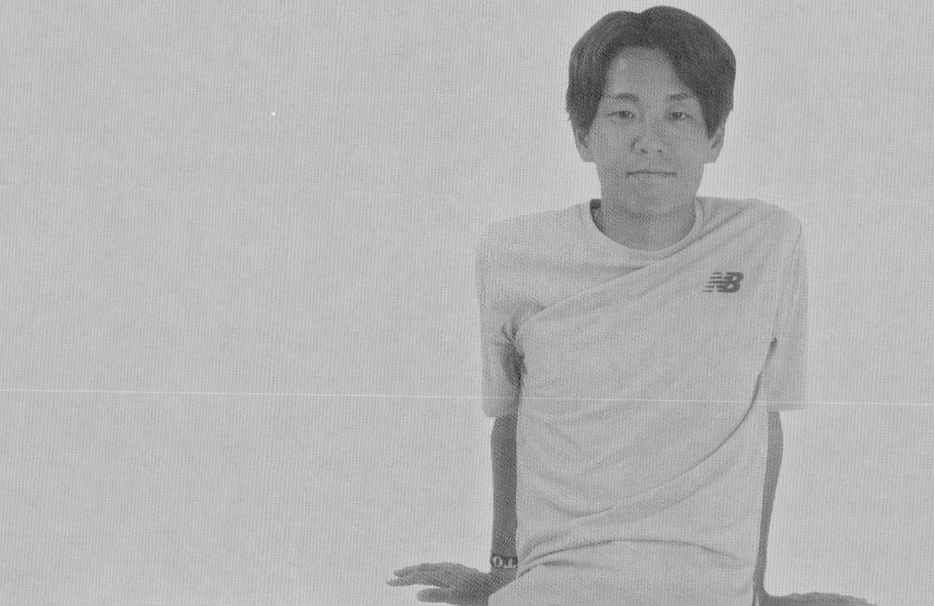

Part.4

練習以外でやるべきこと

ランナーにとって栄養を考えることや
適切な睡眠をとることは練習と同じぐらい重要。
ランナーの身体づくりはもちろんですが、
トレーニング後のアイシングや疲労回復に必要な
栄養や食事、睡眠を見直しましょう。

LESSON 1

食事も練習の一環 3食バランスのとれたメニューを

練習同様に食事もランナーにとってはとても大切です。身体のケアをしっかり行っても、しっかりと食事が摂れていなければ、疲労がとれません。僕も陸上をしていなかったら食にはこだわらないタイプなので、食事も練習、いい食事がいい練習に繋がると思って摂るようにしています。

気を付けているのは、とにかく3食しっかりと食べること。アスリートはたんぱく質が注目されがちですが、それ以上に気を付けているのがエネルギーのもととなる糖質、炭水化物の摂取量です。特に長距離ランニングや過酷なトレーニングといった高い負荷のワークアウトは、たくさんのエネルギーを必要とするので、体内に貯蔵しておくことが大切です。練習直後はアミノ酸を摂っています。「プロテインを飲んでいますか?」と聞かれる機会が多いのですが、それでお腹がいっぱいになって食事が摂れなくなると困るのであまり飲みません。練習後2時間以内には食べています。大学時代や社会人のときは寮だったので食事が提供されていましたが、今は栄養士の方にバランスを考えたメニューを作っていただき、毎日自分で料理しています。

ご飯の量にあわせて
おかずを準備

朝はあまり食べられないタイプですが、昼と夜はしっかりと食べるようにしています。しっかりと米を摂取したいので、自分が食べたいご飯の量に合わせておかずを用意するようにしています。お味噌汁は必ずつけるようにしています。温かいので疲れた内臓にもやさしく、塩分や水分も摂取することができ、脱水症状予防にもつながります。あと、こだわりは、納豆は必ず1日1パック、ヨーグルトも食べるようにしています。フルーツが摂取できないときは、例えばオレンジジュースなどで代用することも。

LESSON
2

夏場も湯舟に浸かって暑さに克つ身体にかかる負担を最小限に

夏や暑いときのランニングは身体にかかる負担も大きく、トレーニングの強度を下げたり、十分な休息や給水をとることで、熱中症や脱水症状などに最大限注意しなければいけません。その対策の1つとして大事にしているのは、入浴です。暑いときは浴槽に入らないという人も多いと思いますが、夏場でも湯舟につかること血流が良くなり、リラックス。睡眠の質向上や食欲も増進する。また、お風呂に入ることでしっかり水分を摂取する意識も自然に働きます。また、これはあくまでも僕の持論ですが、クーラーは付けたほうがいいと思う派ですね。以前、無理にクーラーを付けずに我慢している人もいましたが、そういう選手に限って、夏の練習時に離脱していることが多かったような気がします。

身体によくないからとクーラーを付けない人もいますが、汗をかくことでひどいときには脱水症状に陥ることもあります。さらに睡眠の質も下がり悪循環になる場合も。もちろん、人それぞれの体質もあると思いますので、一概には言えませんが、何か特別なことをする意識よりも、無理にクーラーや扇風機を使わないということはせず、無茶をしないことが大切です。

疲れた身体を“整える”ランに効く温冷交代浴

温

42～43度のお風呂に1分ほど浸かる

冷

水シャワー（18度程度）を30秒程度浴びたら、再び温かい湯船に1分ほど浸かる

温冷交代浴で心も身体もスッキリしましょう。僕は毎日必ず交代浴をしています。合宿であれば温かいお風呂と水風呂があるのでそれらを利用していますが、自宅では「冷」を水シャワーで対応しています。「温」と「冷」の時間配分は2：1。5～10セット繰り返すと疲労回復に効果的です。

また女性であれば、血流が改善することでむくみの改善や防止にもつながります。

LESSON 3

ランニングの疲労回復を早める温冷交代浴で心身共にリセット

42～43℃程度の温水と15～20℃程度の冷水を交互に浴びる温冷交代浴で得られるメリットは2つあります。1つは血流の促進です。身体に溜まった老廃物や疲労物資を取り除くのに役立ち、回復力が高まります。また、温冷交代浴は、副交感神経と交感神経を交互に刺激することで乱れた自律神経のバランスを整えることができ、リフレッシュにつながります。

僕はこれらをほぼ毎日実施していて、大半は練習後に行っています。合宿では水風呂のある施設が多いので、温水、冷水ともに浴槽に入ることができますが、自宅では冷水をシャワーで代用しています。一般の方であれば、温泉施設などを利用できる場合には、水風呂を活用するのもよいかもしれません。

温冷交代浴の時間は、たとえば温かいところに1分入ったら、冷水シャワーは30秒といったように、一般的には2：1の法則がよいとされ、それを5～10セット繰り返すと疲労回復になると言われています。

ただ、急激な温度変化によるリスクを避けるためにも、決して無理はしないでください（＊）。

＊心疾患のある人は行うことができません。主治医に相談の上行ってください。

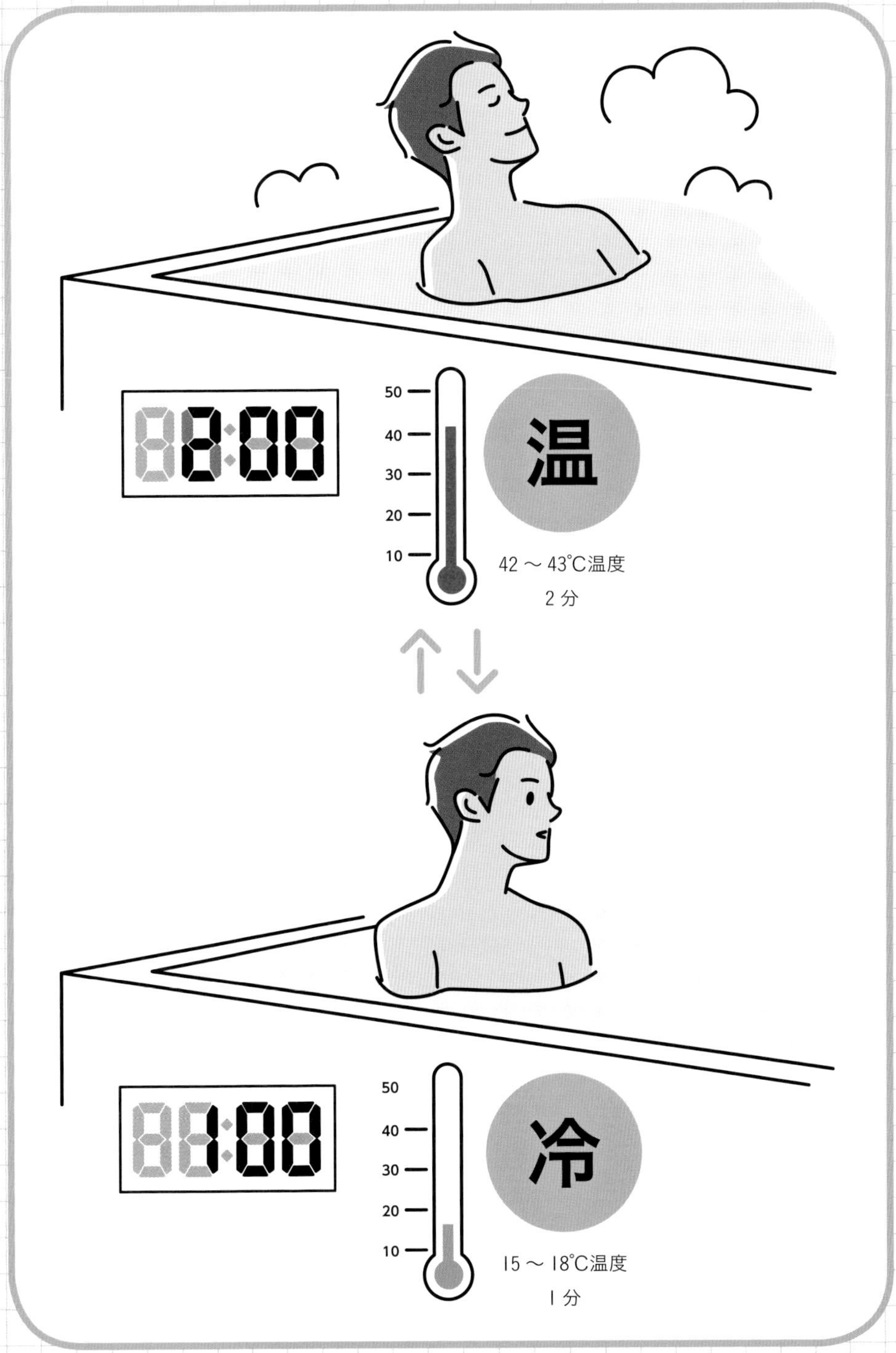
2:00
50
40
30
20
10
温
42～43℃温度
2分
1:00
50
40
30
20
10
冷
15～18℃温度
1分

良質な睡眠は疲労回復に効果的 〝睡眠スイッチ〟で快適な眠りを

質の良い休養は走りのパフォーマンスの向上に欠かせない要素の1つです。ハードなトレーニングに比例して疲労が蓄積し、疲労が回復しないまま次のトレーニングを行うと怪我の原因になったり、体調不良などを引きおこしてしまう。身体だけでなく頭（脳）も疲れます。

そこで大切なのが「睡眠」。人の身体は睡眠中に疲労を回復し、トレーニングなどで受けたダメージの修復を行っていると言われています。だからこそ睡眠の質は大事にしたいですね。平均7～8時間の睡眠時間が取れるとベスト。日常的には無理でも、例えばレースに出場する週だけでも意識的に睡眠を多くすると、かなり身体のコンディションも変わってくると思います。睡眠の質も上げたいですね。

自分のなかでいくつか〝睡眠のスイッチ〟を作っておくと良いでしょう。例えば、僕の場合はパジャマを着ることと、寝る直前に白湯を飲むことで自然と睡眠の態勢に。また、寝室は夜に寝る時以外は行かないようにして、脳に「ここは寝る場所なんだ」と刷り込ませている。睡眠モードに切り替えることが大切です。

セルフモビライゼーション

無理なく関節を繰り返し動かすことで可動域を改善し、身体の筋肉の緊張をほぐします。就寝前に行うとリラックスし、睡眠の質の向上につながります。身体の状態をチェックした後はこの３種目を実践してほぐしてください。

STEP 1

足を横に倒す

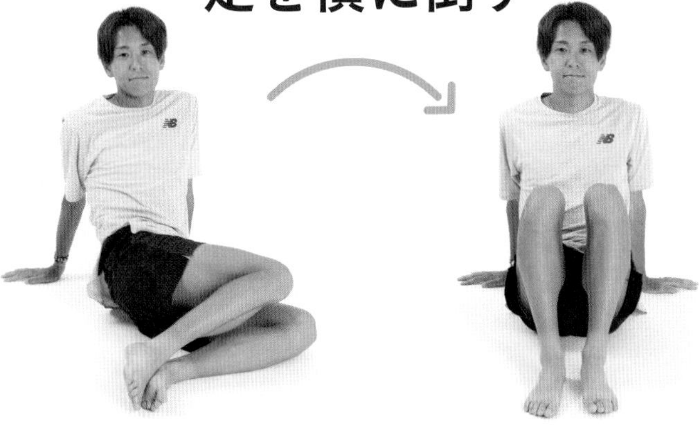

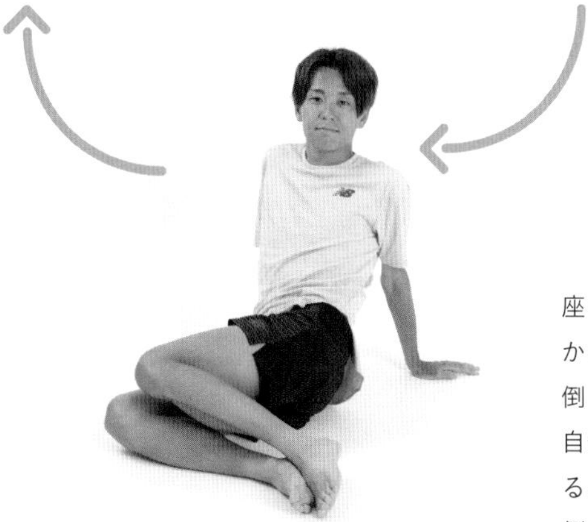

座ってひざを曲げた状態から足を左右にパタンと倒します。力を入れず、自分の身体の重みに任せるように、脱力しながら倒すのがポイントです。

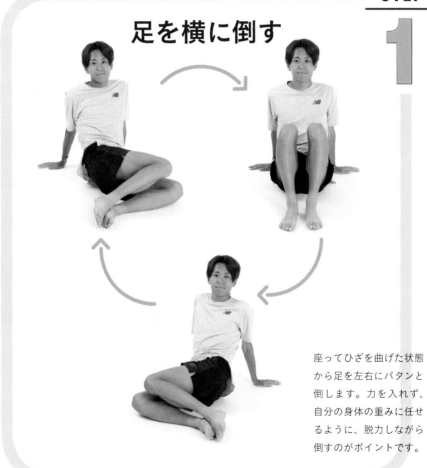

STEP 2

片足で行う

片足を前に伸ばし、逆側を手前に曲げて座ります。足首全体を左右に動かしてください。自分で動かすというよりも、誰かにさすってもらっているようなイメージでゆるく動かすのがポイントです。

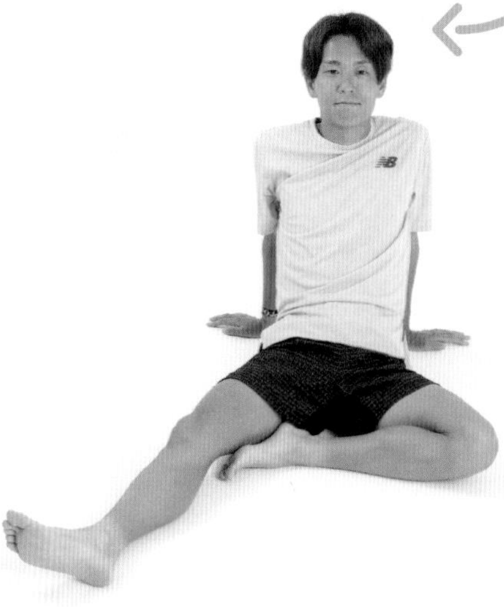

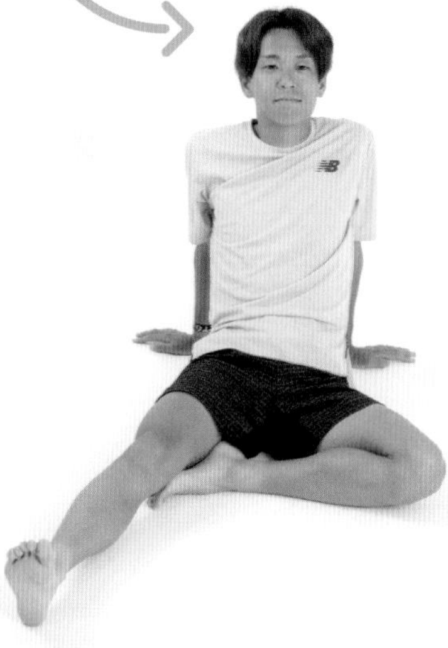

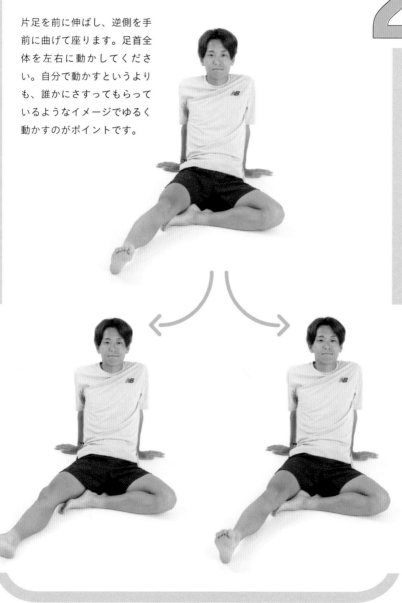

STEP 3

両足で行う

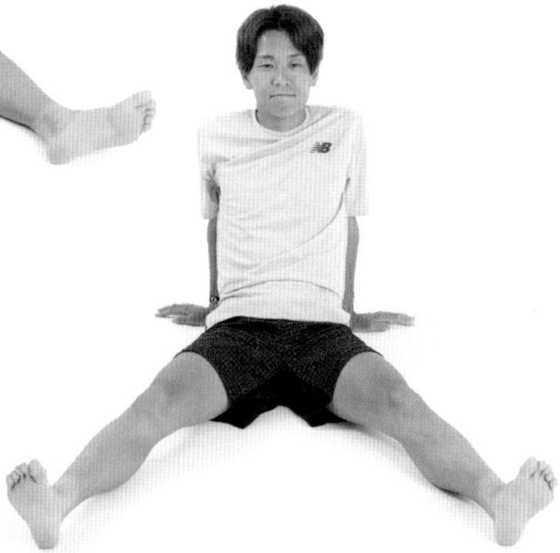

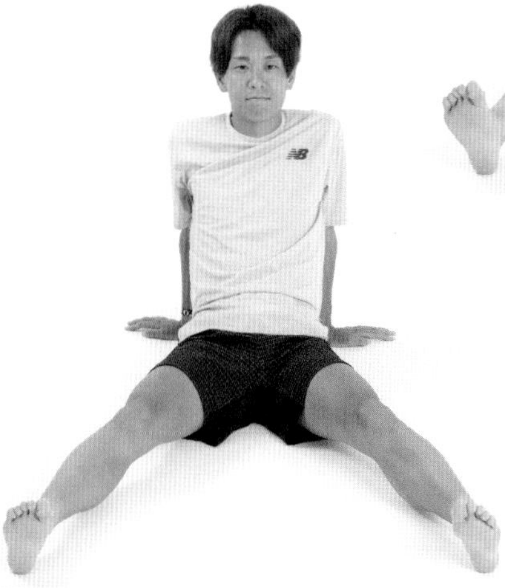

両足を前方に伸ばしたら、足首全体を左右に動かしてください。この動きも誰かにさすってもらっているようなイメージで、ゆるく動かしてください。

LESSON
5

ランニング後のケアが大切 アイシングで筋肉の回復を促進

ランニング後に筋肉に痛みが出る場合は、その箇所が炎症を起こしていたり、内出血をしているという証拠です。筋肉や身体の疲労をできる限り早く解消するという意味でも、筋肉の炎症をやわらげるアイシングを積極的に実施しましょう。

アイシングは筋肉の炎症、疲労の両方に効果的で、筋肉を冷やすと新陳代謝や筋活動が抑制されます。痛みが出なくても、ランニング時に太ももやふくらはぎ、足首、ひざなどは酷使されているので、集中的にアイシングを行うと良いでしょう。

ランニング後に何もケアをしないと、修復のペースが遅くなる可能性があり、翌日、痛みで走れないということにも。

アイシングンの方法は簡単で、疲労や張りを感じる部分を氷で冷やすだけ。20分間程度行うのが最も効果的だと言われていて、それ以上やりすぎると、冷たさで麻痺し、血行が阻害され逆に悪化する場合もあるので注意を。また、1度アイシングを行ったら最低でも2時間程度は間隔を空け、痛みがひどいときも1日最大3セットを限度に行うようにしてください（＊）。

＊寒冷蕁麻疹がでる人や心疾患のある人は行うことができません。
主治医に相談の上行ってください。

アイシングで使用するアイテム

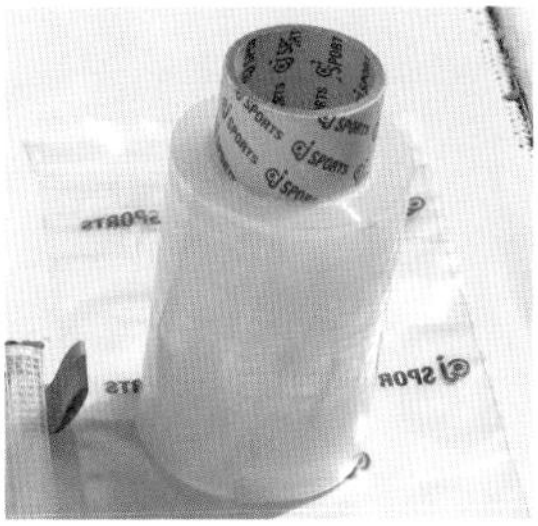

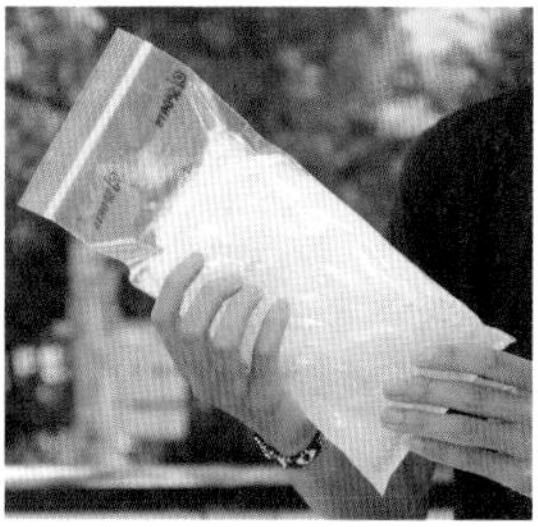

アイシング用ラップ

氷を入れたアイスバッグを患部に当てて、しっかり圧迫して巻くために使用。専用ラップを使うことで、しっかり圧迫できます。

アイスバッグ

患部に氷を当てるために使用。アイシング専用アイスバッグであれば、患部にまんべんなく当てることができます。

氷

細かめの氷を準備。より患部に密着させることができてアイシング効果がアップします。

主にアイシングする部位

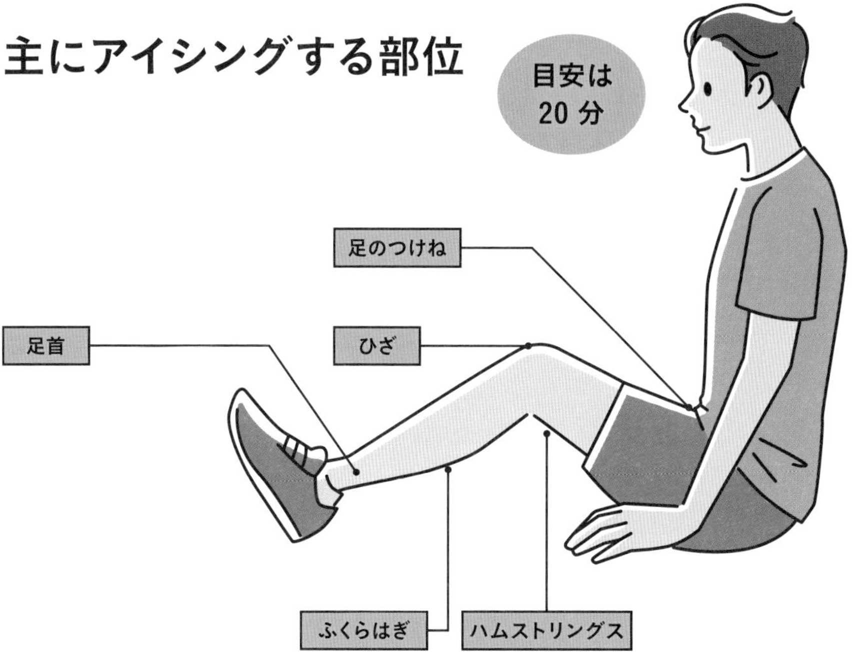

アイシングのやり方

1

氷と食品保存袋、専用アイスバッグ、専用ラップ、金づちを準備します。

2

大きめの氷を食品保存袋のような袋に詰めていきます。氷を細かく砕くための簡易的なものなので、100円ショップなどで販売しているチャック付きの袋で代用が可能です。

5

氷をアイスバッグに入れたら、端に少しだけ隙間を空けておきます。

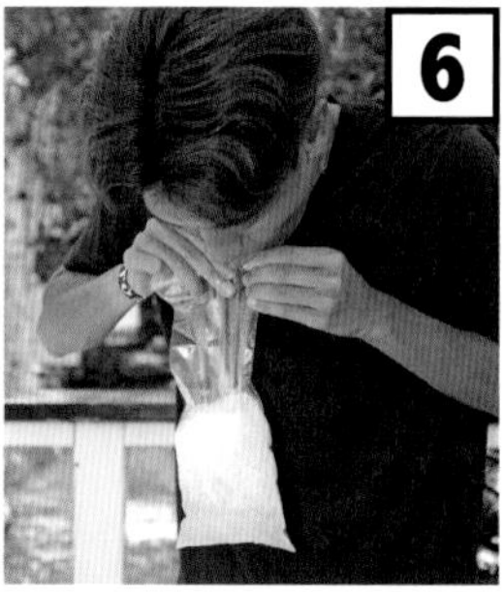

6

隙間から空気をしっかりと抜いて平らな状態になるように形を整えていきます。

7

真空状態になったら出来上がり。

氷を袋に詰めたら金づちで粒になるぐらい細かく砕いていきます。

細かく砕いた氷を専用のアイスバックやフリーザーバックに入れていきます。

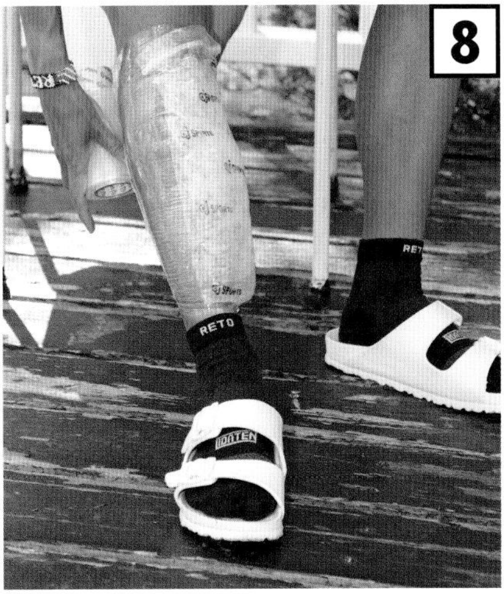

アイスバッグをアイシング用ラップで患部や冷やしたいところに強めに巻いて圧迫させます。しっかりと固定させることがポイント。

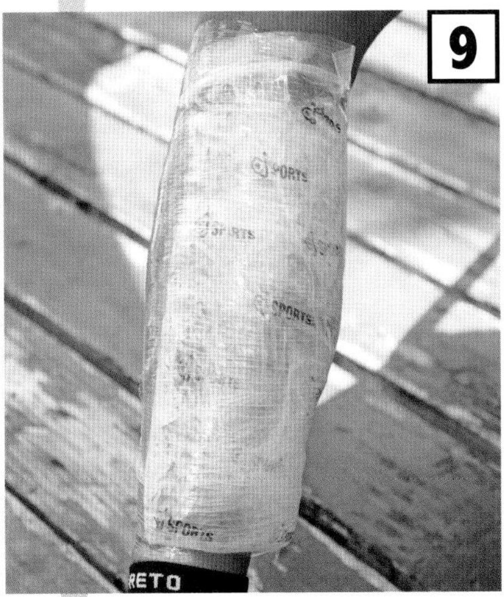

アイシング用ラップでしっかりと巻いて圧迫したら、椅子に乗せるなど、冷やした部位を心臓よりも高い位置に上げて20分間休ませます。

おわりに

本の制作の話をいただくのが1年前だったなら、前向きに話を進められていなかったかもしれません。現役アスリートであり、運動生理学を専門に学んだこともなく、関連資格も持ってない僕が、市民ランナー向けにＨｏｗ ｔｏ本を書くことに抵抗を持ったことでしょう。

ではなぜ、この本の制作に踏み切れたのか。それは、２０２２年の5月に立ち上げた一般の人向けのランニングクラブ（ＲＥＴＯ ＲＵＮＩＮＧ ＣＬＵＢ）での経験があったからです。クラブを運営する中で、自分が長い競技生活の中で得た知識や経験が市民ランナーの人にも役に立つと手応えを得ていました。そして、僕自身がクラブメンバーの目標達成をサポートすることに大きなモチベーションを持てていることも、この本を作りたいと自然に思えた一因だと思います。「もっと速く走りたい」「怪我を減らしたい」「フォームを良くしたい」。クラブのメンバーがそう思うように、全国のランナーの同じ悩みを少しでも解決したいという思いで本を作りました。

本書は、僕の経験や、支えてくれた方々から得た知識を一冊にまとめたものですが、その多くが、約10年間お世話になっているフィジカルトレーナーの中野ジェームズ修一さんから指導を受け、学んだことです。この本の制作にあたっても、いろいろなご指摘をいただきました。この場をお借りして、御礼申し上げます。また、このような機会をいただいた日本文芸社岩田さん、ナイスク岸さんにも感謝いたします。この本が多くのランナーの目標達成を後押しする存在になれたら嬉しく思います。ランニングで人生を豊かにしましょう！

著者プロフィール

神野大地（かみの だいち）

愛知県津島市出身のプロランナー 。中京大学附属中京高等学校、青山学院大学を各卒業。
2015 年の箱根駅伝では、往路・5 区の山登り区間において区間新記録を打ち立てチームを初優勝へ導き「三代目山の神」「山の神野」とも呼ばれた。2019 年のアジアマラソン選手権では優勝し、アジア王者に輝く。マラソンの自己ベストは 2 時間 9 分 34 秒。
2022年に「RETO RUNNING CLUB」を立ち上げ、市民ランナー向けの指導も行なっている。

RETO RUNNING CLUB

神野大地主宰のランニングクラブ。本気で目標達成を目指す市民ランナーを対象としている。月に 2 回の練習会ではハードなトレーニングを実施。神野自身が直接指導を行うのはもちろん、フィジカルトレーナー、スプリントコーチ、ドクター、栄養士等のプロフェッショナル人材を招き講習会を行うなど、メンバーの目標達成を本気でサポートしている。

STAFF

編集　ナイスク　https://naisg.com/
松尾里央　岸正章　崎山大希　鈴木陽介
構成　石井宏美
デザイン　大橋麻耶（maya design room）
DTP　沖増岳二　小中功　STUDIO 恋球
イラスト　渋沢恵美
表紙撮影　水上俊介
撮影　天野憲仁（日本文芸社）
協力　株式会社 NewEffort
株式会社スポーツモチベーション
富士見高原 八ヶ岳陸上競技場
ペンションケンハウス

『山《やま》の神《かみ》』神野大地《かみのだいち》の必《かなら》ずやるべきランニングバイブル

2023年　11月10日　第1刷発行

著　者　神野大地《かみのだいち》
発行者　吉田 芳史
印刷所　株式会社　光邦
製本所　株式会社　光邦
発行所　株式会社 日本文芸社
〒100-0003 東京都千代田区一ツ橋 1-1-1 パレスサイドビル 8F
TEL 03-5224-6460　［代表］

内容に関するお問い合わせは、小社ウェブサイト
お問い合わせフォームまでお願いいたします。
URL https://www.nihonbungeisha.co.jp/

Printed in Japan 112231024-112231024 Ⓝ 01 (210119)
ISBN978-4-537-22149-7
編集担当　岩田裕介